龍城寶笈

朝 阳 博 物 馆 馆 藏 佛 教 造 像 精 品

LONGCHENG BAOJI

CHAOYANG BOWUGUAN GUANCANG
FOJIAO ZAOXIANG JINGPIN

朝阳博物馆 编

图书在版编目（CIP）数据

龙城宝笈：朝阳博物馆馆藏佛教造像精品／朝阳
博物馆编. — 沈阳：辽宁人民出版社，2013.6
ISBN 978-7-205-07661-0

Ⅰ.①龙…　Ⅱ.①朝…　Ⅲ.①佛像－造像－中国－图
集　Ⅳ.①K879.32

中国版本图书馆CIP数据核字(2013)第134960号

出版发行：辽宁人民出版社
　　　　　地址：沈阳市和平区十一纬路25号　邮编：110003
　　　　　http://www.lnpph.com.cn
印　　刷：辽宁奥美雅印刷有限公司
幅面尺寸：210mm×285mm
印　　张：13.5
字　　数：65千字
出版时间：2013年6月第1版
印刷时间：2013年6月第1次印刷
责任编辑：艾明秋　娄　瓴
装帧设计：琥珀视觉
责任校对：刘再升
书　　号：ISBN 978-7-205-07661-0
定　　价：280.00元

龍城寶笈

朝 阳 博 物 馆 馆 藏 佛 教 造 像 精 品

编 委 会

主　任　牛　驰
副主任　王文书　尚晓波

主　编　李国学
副主编　杨铁男

参与工作人员　陈金梅　冯玉玲　代　旭
　　　　　　　林璧君　崔晓晨　李　靖

LONGCHENG BAOJI

CHAOYANG BOWUGUAN GUANCANG
FOJIAO ZAOXIANG JINGPIN

序
Preface

但凡谈及朝阳历史的时候，人们都不会把朝阳佛教文化置于一旁。因为朝阳不仅是我国东北地区佛教最早传入的地方，更重要的是，朝阳佛教文化的传播影响着几个朝代的政权统治、文化变迁与民间信仰。今天，借《龙城宝笈：朝阳博物馆馆藏佛教造像精品》出版之际，关于佛教传入朝阳的历史谈几句，既不是归纳，也不是深入研究，只是想让更多的人了解朝阳地区佛教产生与发展的过程，以及佛教在朝阳悠久历史文化中所占的地位与重要性。

大家知道，佛教是世界三大宗教之一，由前6至5世纪古印度的迦毗罗卫国(今尼泊尔境内)王子悉达多所创立。因为他属于释迦族，人们又称他为释迦牟尼，意思是释迦族的圣人。前3世纪前后，佛教在众僧及阿育王、迦腻色迦王等护法者的大力弘扬下，逐渐遍及全印度，并向周边国家传播，发展为极具影响的世界性宗教。《三国志·魏志·东夷传》载，"昔汉哀帝元寿元年(前2)，博士弟子景卢受大月氏使伊存口授浮屠(即佛陀)经"，被认为是佛教通过西域逐渐传入我国内地的最早记载。此后，经两汉、三国、两晋时期，佛教在我国的中原地区得到了更大发展，我国也成为了佛教传播最重要的国度之一。

那么，佛教传入到朝阳地区是从什么时候开始的呢？

朝阳地区佛教最早可追溯到东晋十六国前燕时期。据《晋书·慕容皝载记》所载，东晋永和元年(345)，"时有黑龙白龙各一，见于龙山(今朝阳市东凤凰山)，皝亲率群僚观之……立龙翔佛寺于山上"。这也是古文献明确记载的东北地区最早的佛教寺院。十六国前燕是我国北方鲜卑族慕容部建立的政权。自曹魏初年，鲜卑慕容部在首领莫护跋率领下入主辽西，始建国于大棘城之北。到337年慕容皝称燕王，史称前燕，其主要信奉萨满教。342年慕容皝迁都龙城(今朝阳市老城)后，也正是中原佛教普及与发展的鼎盛时期。在当时分裂的时局下，推崇信仰佛教已经开始成为增进南北各民族了解与沟通、模糊胡汉民族界限、维系政权统治和增强共同心理认同的一种需要。此时龙城的佛教也随之兴盛，据《高僧传》记载，到十六国北燕太平十二年(420)，居于龙城的高僧昙无竭及僧侣 25 人，由龙城出发经河南国，出海西郡，再入高昌、龟兹、沙勒等国西天取经，这比唐太宗贞观三年(629) 高僧玄奘西天取经还早了 200 多年。由此也可看出，在当时的燕都龙城，佛教信仰在当时的意识形态领域已经占有较重要的地位。

　　朝阳地区北魏至隋唐时期的佛教，较之前世各朝更加繁荣。据史料记载，北魏全境内的僧尼人数多达 200 余万，寺院 3 万余所，塔寺林立。朝阳市著名的国家级重点文物保护单位朝阳北塔，最初的木构佛塔就是这一时期最重要的佛教建筑代表。据《魏书·皇后列传》记载，文成皇后冯氏乃北燕王冯弘之孙女，临朝听政之时，于孝文帝太和年间为祭奠先祖和弘扬佛法在旧都龙城建造"思燕佛图"("佛图"即指"佛塔"，现朝阳北塔基址)。这也是北魏王朝在东北地区建造的唯一一座皇家佛寺。隋仁寿二年(602)，隋文帝颁赐佛舍利，奉诏在烧毁的"思燕佛图"基础上，重新建塔安葬。因该塔敕葬有释迦牟尼佛祖舍利，也是佛教供奉最高级别的信仰形式。其后的唐、辽两代也曾对该塔进行过多次大规模的修缮和增建，供养舍利的法器及供养品也随着时代的变迁而发生着变化。

　　1984—1995 年，在对朝阳北塔进行修缮过程中，发现了天宫、地宫。1988 年在天宫内发现了两颗佛祖释迦牟尼真身舍利，这是继 1987 年陕西法门寺后我国佛教考古的又一次重大发现，轰动国内外。同时出土了鎏金银塔、金银经塔和波斯玻璃瓶等国宝级佛教文物。

　　辽金时期，朝阳地区的佛教已经深入社会各个阶层，可以说是达到了极盛时期。这主要来源于两个方面的原因：一是继北魏以来，北方地区佛教文化的兴盛，在朝阳地区打下了坚实厚重的基础。特别是北魏文成皇后冯氏建造"思燕佛图"于龙城，隋文帝颁赐佛舍利再建佛塔，使这一地区的佛教发展建立在皇家推崇的基础之上；二是契丹族建立辽王朝之后，自太祖时开始建造寺院，大力推崇佛教，帝室常前往佛寺礼拜，并举行祈愿、追荐、饭僧等佛事，佛教的信仰不仅流行于宫廷贵族之间，同时也在各府、州、县，乃至整个民间社会得到了广泛普及。据统计，朝阳地区境内辽金时期的佛教寺院、庙宇遍及各个角落，有数百处之多。特别是州、县城中或附近，均有规模较大的佛教寺院和佛塔建筑。目前，全市现存的辽金两代 14 座佛塔，依然耸立，成为了朝阳佛教历史文化的地标性建筑。

　　此外，我们还可以从朝阳境内一些重要考古中发现，辽金两代对佛教信仰的影响。2004 年 10 月，因朝阳(辽霸州)老街改造在南塔之北 50 米地下 3 米深处发现了一座石宫，内有石函中的鎏金银棺和舍利瓶所葬的定光佛舍利和释迦牟尼佛舍利，以及银鎏金罗汉像数尊、白瓷净瓶、银盘、银碗等物，并有"佛舍利铭记"石碑。这是继北塔天宫发现释迦牟尼佛舍利后又一重大发现。2012 年又在朝阳市大平房辽代建州城址北山的古塔维修中，在塔顶天宫中发现了高僧舍利。另在朝阳市区北狼山有金代三学寺碑一通，记载着此地原为辽代"祥峦"寺，金代在其原址上辟为三学寺，当属佛教讲经诵法开办传授佛学之所。碑文曰："抑亦使佛法远传，而不见废绝者，其在兹乎？……三师学人，有阙日用，其将奈何？当纠千人邑，不问僧尼道流、男女老幼……不亦宜乎？"这些都说明佛教在当时的影响是极其深远的。

到了清代，由于地处蒙汉杂居区，朝阳地区的佛教受到清王朝统治下以藏传佛教"柔顺蒙古"政策的深刻影响，体现出藏传佛教在这一地区的兴盛和发展。目前，在朝阳境内尚存较大的皇帝赐建佛教寺院，如朝阳佑顺寺、北票惠宁寺、凌源万祥寺等，都对清代时藏传佛教在朝阳的广泛传播提供了有力的历史见证。

《龙城宝笈：朝阳博物馆馆藏佛教造像精品》的编撰出版，是宣传朝阳历史文化的重要组成部分之一。在编撰过程中，承担主编工作的李国学先生，对本馆收藏的佛教造像进行了较全面的系统整理和研究，提出了一些有学术价值的观点与看法。书中收录的藏品，是我们在丰富的馆藏佛教造像文物中遴选出的部分具有代表性的精品，以飨读者。这些佛教造像是朝阳博物馆馆藏品中极其珍贵的财富，一些造像来自于 20 世纪 70 年代"文化大革命"期间"破四旧"收缴并被文物工作者及时抢救保存下来的；另一些则来自于 20 世纪 80 年代后出土、征集和民间捐献的。我们可以从这些精美的佛教造像释放出的信息中，去感悟朝阳历史上不同时期佛教文化所蕴含的时代思想；还可以在鉴赏这些珍贵的佛教造像中，去探究佛教思想和造像艺术创造的真谛。

朝阳博物馆馆长 忠晓波

2013 年 4 月于朝阳

龍城寶笈

LONGCHENG BAOJI

目 录
Contents

龍城寶笈

LONGCHENG BAOJI

概 论
Generality

佛教起源于公元前 6 世纪末古印度的迦毗罗卫国(今尼泊尔境内)，其创始人是乔达摩·悉达多。因他属于释迦族，人们又称他为释迦牟尼佛，意思是释迦族的圣人。佛为印度古语中佛陀的简称，意为智者或觉者，凡能"自觉"、"觉他"、"觉行圆满"者皆称为佛。

佛教在两汉之际经西域传入中国，并与中国文化相互融合，在漫长的历史发展进程中形成了独具中国特色的佛教文化，产生了大量佛教艺术作品，成为中华民族传统文化的重要组成部分。

原始佛教没有偶像崇拜，所以，我们今天所能看到的佛教艺术品，都是大乘佛教的产物。佛教造像艺术在古印度时代，是古印度文明与古希腊文明交融的结果。初传到中国的佛教造像，同时具有古希腊和古印度两种风格的痕迹，其典型样式是古印度的笈多——马土腊造像。这种风格可以看作是古印度佛教造像的典范，但其形成过程是相当漫长的。

在贵霜时代，早期佛教向大乘佛教转变，并在希腊化艺术的影响之下，开始了佛像的创造。

1 世纪末，印度西北部的犍陀罗和北印度的马土腊，首先打破了印度早期佛教雕刻只用象征手法表现佛陀的惯例，创造了最初的佛像。产生的原因是受希腊、罗马自由思想的影响，而希腊、罗马早有制作各种神像的传统，东方宗教和西方艺术的融合便产生了无与伦比的犍陀罗佛教造像艺术。其佛的形象都具有凡人的服装、容貌和姿态，但同时又吸收了古印度相术的精髓而具有特别的神人相，即佛典中所说的"三十二相，八十种好"，如丈光相、肉髻相、白毫相和手指与脚趾间相连的缦网相等。

犍陀罗佛像多披通肩式袈裟，但也有袒右肩式，袈裟类似罗马元老或哲人雕像身披的长袍，襞褶厚重，衣纹交叠，毛料质感清晰。衣纹处理技法与希腊雕刻近似。犍陀罗佛像的手势和坐姿都有固定的程式，手势多是施无畏印或禅定印，坐姿通常按照印度人沉思的习惯结跏趺坐。

菩萨像的创造也是犍陀罗的一大贡献。菩萨像的大量出现是大乘佛教兴起的重要标志之一。菩萨像不像佛像那样庄严神圣，菩萨像具有人情味，一般佩戴华贵的装饰，创作上具有更大自由。犍陀罗的菩萨造像突破了佛像的程式化，显得生动多姿。

犍陀罗佛教造像艺术的影响极其深远，向北沿丝绸之路传入中国新疆和内地，并东渐朝鲜、日本，为远东佛教艺术提供了最初的佛像样式。

稍晚于犍陀罗艺术，2世纪初，贵霜王朝产生了另一个佛像雕刻中心：马土腊。马土腊佛像的体态、气质和仪表与犍陀罗不同，体格健壮，气质强悍，表情威严，主要继承了印度的原有雕刻传统，衣质轻薄，体躯突显，衣纹常见有隆起的扁棱状上加刻阴线，或扁圆形凸起，形象来源于印度传统的夜叉像。到了笈多时代，马土腊艺术达到了鼎盛，衣纹最具风格，走向呈"U"形，每根线都平行均匀地分布在大衣上，在胸前作半同心圆形，极富装饰性，但衣纹线的走向仍与犍陀罗的规律一致。马土腊系的另一中心是萨尔那特，其雕像薄衣贴体，没有衣纹，仅浅浅地做出领口、袖口和大衣的下摆。

犍陀罗和马土腊这两种样式对后代造像艺术有着深远的影响。就中国而言，无论是西藏还是内地，在不同时代，我们都能够看到这两种样式对中国佛教造像艺术产生的不同程度的影响。

◎汉传佛教造像艺术

汉传佛教主要流行于我国汉族地区，是在印度佛教基础上融入中国传统的思想文化而形成的地域性佛教派系。发端于佛典的汉文翻译，起始于东汉末年，发达于两晋南北朝，隋唐时期臻于完善，北宋以后衰落。

佛教于两汉之际传入我国，佛教艺术亦随之传来。东汉中晚期，我国便正式开始了造像活动，从而迈出了中国佛像艺术发展的第一步。《后汉书》卷十八记载："世传明帝梦见金人，其行长丈六尺而黄金色。帝于是遣使天竺问佛道法，遂于中国图画佛像焉。"另外《佛祖统记》等史料对此也有记载。东汉桓帝、灵帝之时，佛教造像活动开始有可靠的记载，如《释氏稽古略》《后汉书·陶谦传》等。由这些记载可以看出，当时造像和崇佛活动虽然主要限于社会上层人士，但已具有一定规模。

中国最早的佛像出现在四川乐山麻浩东汉崖墓中，在墓门口的门枋上浮雕佛像一尊。此外，四川彭山县东汉墓还出土一件刻有佛像的陶座，为一佛二弟子的形象，刻工粗简。

四五世纪，中国北方先后建立了16个以匈奴、鲜卑、羯、氐、羌为主的少数民族政权，他们相互攻伐，长期混战。佛教在这时期得到迅速发展，特别是在北凉、前秦、后赵等国家，由于统治者的大力提倡，佛教空前兴盛。由于这一时期大量佛经的翻译，佛教思想进一步成熟，佛像艺术终于摆脱了中国传统神仙思想的桎梏而成为独立的雕塑题材，是信徒礼拜的主体对象。现存的此时期的造像遗存主要有石窟寺和金铜佛像。

十六国时期是我国石窟艺术开始兴起之时，石窟寺是开窟造像、供禅修之用的佛教艺术形式，是这一时期北方佛教和佛教艺术的主要特色。这一时期著名的敦煌、麦积山、炳灵寺等石窟都是当时开凿的，都分布在今天的甘肃境内。这一带是佛教传入中原的必经之路，其兴盛亦是得地利之便。这时的石窟造像带有印度犍陀罗艺术的遗风，但袈裟和衣纹处理手法又受到印度马土腊艺术的明显影响，是当时中印文化交流的重要实物见证。

图一　凤凰山摩崖石龛

受其影响，朝阳亦出现了摩崖石龛。摩崖石龛位于朝阳市区城东凤凰山进山口路南的悬崖峭壁上。共计60余龛。（图一）龛呈弧顶方形或横长方形，大小不一，一般宽40—60厘米、高40厘米、进深50厘米左右，大龛宽达1米以上。龛内壁面平整，无雕像痕迹。凤凰山风景区管理处曾在1997年对3个存有积土的龛进行清理，发现每个龛内均叠置两块青砖，砖上放置一个陶盆，盆内盛有烧骨和灰烬，还有两三枚铜钱。青砖一面饰略呈弧形的竖行细绳纹，砖长32—34厘米、宽17厘米、厚5厘米。从残陶片看，陶盆为斜直腹大口小底形、泥质、灰色和红褐色两种，外表有刺窝或细划纹。龛内并不雕刻或供奉佛像，至少石龛的晚期并不供奉佛像，乃是安葬死人骨灰之处，所以应称"灵龛"。根据发现的青砖和陶盆等综合推断，此龛的雕凿可能开始于十六国时期的前燕或后

燕，延续到北魏及隋唐。[1]

金铜佛像是用青铜、红铜或黄铜铸造、表面镀金的佛教造像艺术形式，它作为完全独立的艺术形式，代表了十六国佛像艺术独立发展的水平。美国旧金山亚洲艺术馆收藏的后赵建武四年(338)铭款的铜镀金释迦牟尼佛禅定像，是目前发现的我国铸造的最早的一尊金铜佛像。

十六国时期佛的面相为深目高鼻，具有鲜明的西方人种的特征。有的面形方圆，鼻骨较高，生八字胡，造型古朴，虽仍带有西方人的韵味，但已明显东方化。这时期造像最早出现的犍陀罗最常见的通肩右皱式大衣，由于受当时中国传统的对称观念的影响，逐渐发展成生硬的对称式样，面型也由最初具有欧罗巴人种特征逐渐演变成蒙古人种的特征，造像下承的四足方床也是纯粹的中国式。可见，中国佛教造像艺术发展的初级阶段，古代匠师们在积极吸收外来优秀成果的同时，就已按照本民族的文化传统加以改造，从而开创了佛教造像艺术本土化的先河。

正是在十六国之时，毗邻后赵的前燕王朝在东北地区率先接受并信仰佛教，揭开了朝阳乃至东北地区佛教历史的序幕。据《晋书》《资治通鉴》《十六国春秋》等史籍记载，前燕王慕容皝迁都龙城(今朝阳市城区)后的第四年(345)，因见龙山(今朝阳城东凤凰山)上有黑、白二龙，遂号新宫为和龙宫，并立龙翔佛寺于山上。这是在史书上明确记载的我国东北地区第一座佛教寺院。

2006年11月，按照凤凰山管理局工作人员提供的线索，时任市文物管理办公室主任孙

国平、北塔博物馆副研究员董高、市博物馆副研究员周亚利与凤凰山管理局寺庙管理科科长张海波、护林员刘占纯等对凤凰山长脖梁进行了考古调查。在长脖梁最北端的地表上发现有三种灰色绳纹砖和一种灰色素面砖。由此向西过河即为龙城，与文献上慕容皝带君臣观看二龙嬉戏的地点很吻合。由此推测，这里有可能就是前燕建造龙翔佛寺的地点。

前秦统治龙城的 16 年中，佛教事业继续发展，而且将佛经和佛教造像艺术传播到高句丽政权。《三国史记·高句丽本纪》记载："（小獸林王）二年，夏六月，（秦）王（苻）坚，遣使及浮屠（顺道）送佛像、经文。王遣使回谢，以贡方物．立大学，教育子弟。"[2]

前秦僧人顺道、阿道于建元八年（372）和十年（374）两次送经文、佛像至高句丽。从前秦都城长安出发，当是经由龙城到达高句丽丸都城的。由此可推知，前秦苻坚在向东北地区传播佛教的过程中，龙城应是起到了桥梁和纽带的作用。

后燕时期，慕容鲜卑贵族对佛教大为尊崇和提倡，使佛教思想在统治集团和平民百姓中广泛传播，佛教已经渗透到社会政治、军事、文化、习俗等各个领域。

后燕时期的造像艺术有武容石造像。据清代端方编《陶斋藏石记》记载，此件石造像高七八寸，座正面刻有"□（唯）燕元年甲申□月癸丑日佛弟子武容为□□兄叉罗造像两丘"的题记。"燕元年"，应是后燕慕容垂在荥阳称燕王，建元"燕元"之元年，只是题记中漏刻一"元"字，此年正是甲申年，即 384 年。

北燕佛教在后燕的基础上，迅速发展，盛极一时。当时以都城龙城为中心建立了很多塔寺，僧人众多，并经常举办佛事活动，使得北燕成为当时北方地区佛教文化中心。另据南朝梁国高僧慧皎所撰《高僧传》中记载燕地高僧昙无竭于北燕时就与僧猛、昙朗等 25 名僧侣远赴印度取经，成为中国佛教史上最早西行求法的高僧之一。

北燕时期的佛教造像可以 1965 年出土于北票西官营子北燕冯素弗墓中的一件山形金珰上装饰的佛像为据。金珰高 6.8 厘米、宽 8.4 厘米，背面中间压印一佛二胁侍像，周边饰锯齿和蝉纹、忍冬花纹，正面以细金丝穿缀圆形小金花。佛像面相长圆，双手结禅定印，跏趺坐，有火焰纹背光，两旁各立一胁侍菩萨，手捧供物。[3]"金珰"是慕容鲜卑贵族特有的金步摇冠前面的装饰，而"金珰附蝉"更是只有皇帝的高级侍臣"侍中"才能佩戴的服饰。冯素弗是北燕王冯跋的长弟，曾先后任受范阳公、侍中、车骑大将军、录尚书事、大司马、辽西公等官爵，死于 415 年，享年 30 余岁。冯素弗头上戴着装饰佛、菩萨像的步摇冠饰表明了当时统治阶级对佛教的崇信。

北燕时期的金铜造像，在史书中亦见记载。据《高僧传》卷七《宋余杭方显寺释僧诠传》载，北燕高僧释僧诠曾在北燕国铸造一尊一丈六尺高鎏金铜佛像。

僧诠，俗姓张，北燕辽西郡海阳（今河北省卢龙东南）人。少年时期在燕齐 [4] 地区云游，20 岁出家。僧诠出家后，"精练三藏"，专心学习佛学，精通经、律、论"三藏"，受到北方地区求学和做学问者的尊崇。后来，僧诠渡过长江，居住在建康（今江苏省南京市）某寺院。

他讲经律论，使佛法在广大的江南地区传播。僧诠居于闲居寺、虎丘山寺期间，曾"屡造金像"，并铸造一尊一人高的鎏金铜佛像，安置在虎丘山东寺。

传世的北燕佛造像有李普造的铜佛像。此像高四寸五分，正面为释迦牟尼佛和多宝佛并坐像，背面刻一坐佛，并刻写"太平二年九月十一日李普为父造像一区供养"铭文。[5]太平二年（410），即北燕冯跋建国之翌年。这座佛像是李普为他父亲铸造的，以表示对佛的信仰和供养，并祈求佛祖的保佑。

此外，美术史家金维诺在甘肃天水麦积山石窟第76窟佛座上发现"南燕主安都侯□□□姬□□□后□造"的题记并进行考证，此窟是为南燕主慕容超母段氏和妻呼延氏所建，其时间在后秦弘始九年（407）姚兴遣返她们回南燕之前。[6]这说明慕容鲜卑人已经参与了我国早期石窟的开凿。

北魏初期，佛教造像多以身躯高大、雄伟健壮、面相丰满、水波纹发、眉眼细长、着通肩式大衣为主要特征。到了孝文帝太和年间，佛像的发髻多为浅波浪纹，着袒右肩式袈裟，内着僧祇支，手施说法印。菩萨像戴上了华鬘冠，身上出现了帔帛，佛像开始穿上褒衣博带式的服饰，造像风格出现了著名的"太和样式"。北魏晚期，佛像和菩萨的面型趋于消瘦、长颈，衣纹繁复飘逸，亦即后人所谓的"秀骨清像"。这不但是北魏后期的代表，也是北魏时期造像的典范。

北魏，是辽西地区佛教发展的一个高峰期。其重要的佛教遗存为义县万佛堂石窟。此石窟分东、西两区，共有16窟430余尊佛教造像。

最具代表性的北魏佛教造像为第六窟的佛殿窟，主尊为弥勒佛，高3.5米。此佛为水波纹发髻，面容古拙。万佛堂是我国东北地区年代最早、规模最大的石窟群，具有很高的历史价值与艺术价值。

朝阳北塔，经过考古工作者在1986—1992年所进行的发掘工作，发现了北魏文成文明太后冯氏所建的思燕佛图遗址。遗址中出土文物数量最多、最具时代特征、艺术价值最高的就是泥塑造像。造像有佛、菩萨（图二）、佛弟子、力士、飞天、化生童子、伎乐人等。泥塑造像采用模制成型和手工雕塑两种方法制作而成，最后再敷彩妆鎏，有的还贴饰金粉。这些造像，协调统一，形神兼备，动静自如，表现力强，具有很高的艺术水平，体现了古代艺术匠师娴熟的雕塑技艺和强烈的时代特征，从风格上看，这些泥塑造像反映出了具有外来文化因素影响的北魏前期佛教艺术风格。

随着佛教的兴盛以及佛事活动的需要，这

图二　朝阳北塔出土北魏思燕佛图泥塑菩萨头像

一时期各类中小型佛像也应运而生。这类佛像即指存世量较多的金铜造像和石雕造像。

2002年在喀左县南哨镇南山村发现了3尊石雕佛像。

第一尊为诸葛熹造一佛二菩萨组像。此像通高1.47米、宽0.98米。释迦佛头部缺失，手作说法印，着袒右肩袈裟，结跏趺坐于方座上。两侧各立一菩萨，面相丰圆，束发髻，上身裸露，下身着裙，一手下垂，提长颈瓶，另一手于胸前持似莲蕾物，赤足立于莲台上。长方座中间雕坐姿菩萨和供养人，两侧各有一昂首蹲狮。在此雕像背光后侧刻有"大魏正始三年六月十五日诸葛熹为七世父母……造像一锤（区）……"等字样。证明此造像是诸葛熹于北魏宣武帝正始三年（506）所造。

第二尊为石坐佛像。佛头部和二菩萨缺失。佛施说法印，着袒右肩袈裟，结跏趺坐于束腰式方座上。方座粗糙无雕饰，仅左侧存一残狮。

第三尊为石雕弥勒佛像。佛结跏趺坐于方形台座上，通高51.5厘米、宽36厘米。佛身体修长，面相清瘦，肉髻低平，着双领下垂式袈裟，左手伸指于左膝内侧，手掌外撇，右手于胸前施说法印(图三)。

在朝阳县长在营子乡政府东的石佛山顶部也发现3尊摩崖佛像，3尊坐佛分布在山石之西壁。中间释迦佛和左侧弥勒佛保存较为完整，但因风化严重，细部已剥蚀。释迦佛面相长圆，双臂下垂，置于左右腿上，手似施禅定印，结跏趺坐于台座上。台座束腰部雕有四人物和狮子像。弥勒佛面部清秀，肉髻宽而扁平，双肩宽厚，双臂隆起，躯体粗壮，双手置于结跏趺坐之左右腿上，似作禅定印，所着袈裟薄而贴

图三　喀左县南哨镇南山村出土北魏石雕弥勒佛像

体。佛下承雕饰仰莲、上宽下窄的慢弧形台座上。右侧坐佛因风化更甚，仅见身躯和头光残痕。佛座整体形状与弥勒佛像同。朝阳长在营子石佛山佛像与喀左南哨第一、三尊佛像，从总体风格上看，应属同一个时代，属北魏晚期作品，是探讨东北地区古代佛教造像艺术的重要资料。

581年，杨坚夺取北周政权，建立了隋朝。次年即开始下诏兴建佛寺，广度僧尼，并新造了大量的佛像。炀帝继位，依然笃信佛教。这样，经过隋朝两代皇帝的扶持，佛教重新兴盛起来。618年，李渊建立唐王朝，李唐一代，大多帝王都崇佛扬法，中国佛教进入了鼎盛时期，造像艺术也空前发展，完成本土化改造，开始了世俗化的进程。

作为隋唐王朝管理东北的政治中心营州治所柳城，其文化面貌一如中原，而佛教发展的状况，文献中却记载极少。总的来看，隋代对营州柳城的有效统治和唐万岁通天元年(696)

以前及唐开元十二年(724)至天宝十四年(755)"安史之乱"爆发前的社会和平、生活稳定时期，为佛教的传播提供了有利条件，使柳城佛教在过去的基础上继续得到弘扬和发展，成为东北地区的佛教文化传播中心。然而，在营州柳城不稳定时期的社会环境下，也对包括佛教在内的经济、文化的发展带来了很大影响。目前所知的为数很少的几处隋唐时期佛教建筑遗迹，大都处于朝阳老城内及附近的凤凰山、狼山。因此，客观地说，隋唐时期朝阳佛教建筑分布范围并不广泛，崇信佛教的人数并不多，佛教文化没有此前的北魏时期发达，更无法与其后的辽代相提并论。

朝阳唐代佛教造像可见于民国十九年(1930)修《朝阳县志》的记载。《朝阳县志》载："在县北百里许三宝扎兰营子村东南山巅，原有古寺一处，相传系唐代建筑，久已陵夷。近年于寺旁隙地掘出石佛像数尊，尝托梦于该处富户金、王二姓，言系唐朝薛仁贵征东时，……遂将佛像埋没，至今千余年，应再出世。……三五年间，遂修成大寺，庙貌巍峨，院宇宏阔。山名为祥云山，寺名龙华宫。春祈秋报，香烟颇盛。至民国八年，工始竣，招住持僧人看守。"[7]

据载可知唐代寺庙早已毁弃，民国年间发现石佛像后，由当地人助资重修，到1919年建成，取名龙华宫。经在北票市三宝乡扎兰营子村实地调查，民国所建龙华宫也已毁弃，现今在此宫旧地仍有多块石雕残件，且多为人物造像。从残块局部可辨出有的项戴璎珞，有的双手合十，但其时代不可确考。

辽金是由契丹和女真两个北方少数民族建立的封建王朝，在统治时间上与两宋相当。这两个王朝都提倡佛教，故佛教发展兴盛，佛教造像艺术也极具特色。

辽代佛教造像遗存十分丰富，一般多见于佛塔、经幢等建筑物上。这些佛塔上保存的造像有佛、菩萨、罗汉、胁侍、天王、飞天等题材，大多为高浮雕形式，形象清晰、逼真，是研究辽代佛像艺术的重要实物资料。另有一些石窟中也有佛像遗存，如内蒙古赤峰千佛洞、巴林左旗后昭庙石窟、辽宁朝阳千佛洞等。

朝阳辽塔上保存下来的佛教造像及音乐舞蹈等各种内容的雕塑艺术作品极其丰富，堪称我国古代佛教艺术的不朽杰作。

朝阳北塔辽代称延昌寺塔，为13层密檐式砖塔，存高42.6米，是东北地区现存年代最早的古塔。北塔塔身四面布局一致，均有技艺考究、造型精美的砖雕图案。塔身每面中央为一主尊坐佛，佛头戴五佛宝冠，身披袈裟，颈戴璎珞，结契印，坐于生灵莲座之上。主尊佛两侧为胁侍菩萨，外置灵塔，佛与灵塔上方是宝盖，其两侧各有一飞天。八大胁侍菩萨形象也基本相同，披袈裟，戴璎珞，手捧供物，面佛而跪。二十四飞天或戴冠饰或梳云髻，上身袒，下着长裙，呈成对在空中飞舞状，美妙绝伦。1988年，在修葺朝阳北塔第十二层密檐中心发现了边长约1.3米的方形天宫，内有一个用绿砂岩石板构筑的方形石函，石函内外侧均有雕刻精美的线刻图案，内容为三身佛、八大菩萨、金刚力士、飞天、香花等题材。在地宫中发现了一通砂岩经幢，每节幢身下的八边形基座的侧面浮雕有"过去七佛"、"八塔七佛"及"八大菩萨"图像，在幢顶覆莲座下的基座雕的则是"八国诸王分舍利"的故事。

2004年，考古工作者在朝阳南塔北面约50米处的地下发现一石宫，出土了包括志石、石函、浮雕四神鎏金银棺、银盏、银鎏金罗汉像、玻璃瓶、白瓷贴塑十六罗汉双耳圈足钵、影青净瓶以及18颗锭光佛舍利等文物。石宫中所出的6件银鎏金罗汉像，高2.7厘米。五官分明，双手各执乐器，身着袈裟，衣纹流畅，其形态均作比丘状。像背面平整，足下有榫，原本应是嵌在某种物件上的饰件。

金代的佛教造像，由于它承袭了宋以及辽代的风格，造像的造型更显身躯饱满、壮硕，宽肩阔胸，肌肉发达，有北方民族的雄伟、浑厚、朴实之风。

从总体上看，宋辽金时期，中国的佛教造像艺术已经衰退，但此时佛教造像艺术从内容到形式却更进一步本土化和世俗化，极富人性化的写实手法，使这一时期的造像艺术取得了超越前人的伟大成就，成为中国佛教造像的一个重大转折。

明朝的帝王都是虔诚的佛教信徒，他们力图恢复汉民族的文化传统，在造像艺术上师法唐宋。因此，汉式佛寺和造像迅速振兴。同时，皇室对藏传佛教依然支持，从而稳定了明朝与边疆少数民族的关系。

明代的造像，多为寺庙塑像和金铜造像，各种便于供奉的金铜和木雕佛像非常流行，特别是金铜造像，由于受到上层社会的偏爱，更是获得了空前的发展。但此时的金铜造像缺少了宋代的生动自然，总体上看造型端庄，姿态僵硬，头部偏大，佛坐像手脚刻画如平板，但依然注重衣纹质感的刻画。

明代的汉式木雕造像亦较多，这类造像的特点无论是总体形象，还是服装饰物，都是当时流行的样式。作品中充分体现了雕刻者是以现实人物为原型而作，在概括和美化人的特征的基础上，都有鲜明的个性，绝不是某个人形象的复制，从而拉近了人与神之间的距离。

◎藏传佛教造像艺术

藏传佛教，也称西藏佛教或藏系佛教，俗称喇嘛教。喇嘛意即"上师"，是对僧侣的尊称，是流行于我国西藏、内蒙古等地区的一种宗教，是佛教各宗派中的一部分。藏传佛教有两层含义：一是指在藏族地区形成和经藏族地区传播并影响其他地区的佛教；二是指用藏文、藏语传播的佛教，其讲授、辩理、念诵和写作都用藏语和藏文，故又称"藏语系佛教"。主要分为格鲁派、萨迦派、宁玛派及噶举派四大主流派别。在中文中，这四大主流派别因其服饰等特色而常被称为"黄派"、"花派"、"红派"及"白派"。

藏传佛教主要在我国的藏族、蒙古族、土族、裕固族、傣族、纳西族等少数民族地区和尼泊尔、不丹、蒙古等国家流传，是印度佛教和汉地佛教与西藏原始宗教融合、演变而成的具有西藏地方色彩的佛教。它属于大乘佛教，其特点是显密兼有而特重密法，把密宗视为精髓，所以又称藏密。藏传佛教始于唐代，迄今已有1300余年的历史。藏传佛教艺术创始于7世纪的松赞干布时代，随着尼泊尔赤尊公主和唐朝文成公主的先后入藏，作为佛教重要象征的佛像及佛教艺术，也从不同的国家和地区传入了西藏。

从藏传佛教艺术的发展角度看，吐蕃时期的

造像主要以引进学习模仿印度、尼泊尔、汉地、克什米尔等地造像艺术为主，还没有完全形成自己的造像传统和民族风格。尤其在古格王朝时期，由于与西印度、克什米尔、西域等地接壤，西藏阿里地区的造像艺术更多地受到早期克什米尔、西印度、甚至西域和中亚佛教造像艺术的影响。而青海、四川、云南等与内地接近的寺院造像则具有汉传佛教造像艺术的手法。

尼泊尔艺术家阿尼哥于1260年入藏，使得藏传佛教艺术在各个方面又有了新的发展。在西藏期间，阿尼哥不但设计修建了一些著名的寺院和佛塔，而且也为元朝和西藏培养了不少的艺术家。此时，尼泊尔造像艺术又一次影响了藏传佛教艺术。同时，随着元朝政府对藏传佛教的扶持，也使得藏传佛教造像在内地得到了迅速的发展。由此，藏传佛教的造像艺术也遍及内蒙古、辽宁、河北、北京、山西五台山和杭州等地，对汉藏佛教文化艺术的交流起到了积极的促进作用。

从元代开始，藏传佛教传入蒙古族地区，但主要在上层社会和宫廷之中流传，尚未进入民间。明万历十五年(1587)，东部蒙古封建主察哈尔部图门汗遣使请三世达赖索南嘉措到内蒙古东部地区传扬教法。当年，索南嘉措还应东部蒙古封建主喀喇沁部昆都伦汗即白洪大之请到喀喇沁地方传法，[8]并创建寺庙，建立僧伽习经之所[9]。这标志着藏传佛教开始在朝阳地区传播。崇祯元年(1628)，俺答汗之孙噶尔图与其子鄂木布楚琥尔为躲避察哈尔部的入侵，由归化徙居土默特，即今朝阳、阜新一带，进一步促进了格鲁派教法的东渐。此后，藏传佛教风靡整个蒙古族地区。

据统计，朝阳境内明代藏传佛教寺庙有8座，始建时间最早的是建平县三家乡的天隆寺，为明万历十四年(1586)。到清代就猛增到270多座，可见其发展之迅速。

明代是藏传佛教艺术走向成熟繁荣的鼎盛阶段，并且从以往多元的艺术风格逐渐走向了民族化的创作道路。明代随着格鲁派的崛起，藏传佛教艺术随之发生了诸多变化。可以说，拉萨境内格鲁派甘丹寺、哲蚌寺、色拉寺和日喀则扎什伦布寺四大寺院的兴建，使得格鲁派师祖的造像成为这一时期最引人注目的题材之一。与此同时，西藏、甘肃、青海、四川等地的寺院造像中，也普遍流行格鲁派创始人宗喀巴与弟子以及达赖喇嘛、班禅的造像。其中宗喀巴大师的造像最为突出，其主要表现为造像数量众多，且以高大为主。

明代的造像在创作手法上也发生了很大变化。比如当时的大小寺院都喜欢铸造或雕塑大型的佛、菩萨、度母、金刚和护法神等像，且造型优美，工艺精湛，极具民族特色。石刻造像也是如此，这些造像线条流畅、优美，多以浅浮雕、剔地浮雕为主，圆刀法逐渐取代了以往常用的平直刀法。

清代的造像在其规模上不及前代。由于不同的寺院所属不同的教派传承，故而造像的种类与艺术风格也各有其特色。

朝阳佑顺寺是始建于清康熙三十七年(公1698)的藏传佛教寺庙。寺庙大雄宝殿及天王殿外墙上的石板浮雕，反映了本地区藏传佛教造像雕刻水平及特点。其内容有寺庙的创始人、护法神、罗汉、伎乐人物、佛经故事和供养人图像等。大雄宝殿东墙外中间的腰石镶嵌的浮雕造像，是藏密中的吉祥天母的忿怒相。一面四臂，其肤色青蓝，头上的红色猥发竖立，上面饰有五个骷髅，头顶有半月和孔雀毛。右边耳朵上有小狮子为饰，据说象征着听经；左耳上挂着小蛇，意为忿怒。腰上挂着账簿，专门记载人们所做坏事的档案，恶人将来要受剥皮处置。右上手拿的骷髅棒是专门对付恶鬼阿修罗的。身上披着人皮，那人皮据说是她亲生儿子的，象征大义灭亲。骑黄骡子，在马鞍鞯前端下方有两个红白骰子，红的主杀，白的主教化。鞍子后有一个荷包袋，里面盛着疫病毒菌，也就是说她是主生死、病瘟、善恶的神。嵌石的左右上角各饰日月图像。骡子臀部有一只眼是此像的重要特征。大雄宝殿北墙中间镶嵌的是财宝天王像。财宝天王身原为金黄色，一面二臂，头戴五佛宝冠，身穿黄金铠甲，佩诸种珍宝璎珞，右手持宝幢，左手捧着口吐各种珍宝的宝鼠，以菩萨如意坐姿态，坐于伏地白狮子上，身上放射如十万旭日之光芒。嵌石的左右上角亦各饰日月图像。大雄宝殿西墙中间嵌石为降阎魔尊像。此像水牛头，头戴骷髅冠，须发呈火焰状。额头有眼，三目圆睁，头部较大，大腹便便，项挂人头大璎珞。右手高举骷髅棒，左手持绳索，裸体展立于压服恶者的水牛背上，其眷妃正在给主尊奉献骷髅碗中的鲜血。总体来看，此时的造像以忿怒相、变异相、护法神和格鲁派高僧大德为主，文静慈悲类造像相对减少，尤其是摩崖石刻造像较为突出。由于此时的佛教造像已逐渐形成了固定的模式，加之《造像量度经》的严格要求以及其他原因，使得这一时期的造像艺术变得僵化和呆板。虽然晚期的造像在艺术手法上相当成熟，可是佛教

艺术的世俗气象也愈来愈浓。由于造像过分追求装饰的美学效果，常常使造像失去了各自应有的神韵和特征。

清代藏传佛教的金铜造像，以宫廷造像、西藏地区造像和蒙古地区造像为代表。总体上看，佛像缺乏内在的气质，但手法细腻，造型规范，躯体造型自然挺拔，健壮匀称，体现了这时期造像工艺精细的风格。

这时期宫廷造像中的精品大多出自尼泊尔工匠之手，多采用镶嵌工艺，精工细作而又神韵十足。还有一些是仿自西藏或域外风格的古佛像，虽缺少古意，但与同时代其他造像比，不失为佳作。

宫廷造像的匠师不仅有内地的，还有西藏和尼泊尔的，造像以小型为主，总体风格是选材贵重，大量使用金银珠宝，制作精细，表面光滑，镀金锃亮。对材料和工艺的追求使造像的艺术水平大为降低，千佛一面，缺少生动的韵味。康熙时期的造像基本保持永宣的风格，只是脸形变长圆，增加了写实的味道。宝冠简化，莲座装饰更华丽，嵌珍珠宝石，雍容华贵。乾隆时期，由于皇帝本人对藏传佛教的喜好，因此兴建寺院，大造佛像，数量远过前朝。乾隆时期曾设立用于专修密法的"六品佛楼"。所谓"六品"，是藏传佛教格鲁派根据修行者不同根基而设立的六个不同层次和等级的修行内容。六品佛楼原有八处，现仅故宫梵华楼基本保存完好，成为我们研究乾隆六品佛楼佛像供奉仪轨的可靠依据，其余几处毁于战火，造像流失民间。这种造像虽造型依然大方，结构匀称，工艺也精细，但无论是整体姿态，还是细部加工，都显呆板，缺少内在的感人的艺术魅力。

蒙古地区造像，可分为内蒙古与喀尔喀蒙古造像，多为清顺治至乾隆时期的作品。内蒙古造像又称内蒙古察哈尔式，这种式样流行于呼和浩特、包头、集宁、张家口以至甘肃、青海一带。一般双目平直，鼻若悬锤，颧骨突显，面庞宽阔，表情憨厚。冠饰及肩，花大而繁复，又喜嵌松石、玛瑙和青金石。菩萨造像多戴五佛冠，梳葫芦形发髻，项挂长珠链多从两乳外侧绕过，宝缯和帔帛呈祥云状飘于体侧。有些作品采用铜皮锤揲、分段接合而成，质地轻盈，鎏金略显稀薄，也有以金或银板锤揲而成。台座多为仰覆莲瓣，但莲瓣宽肥，轮廓迂缓，缺乏隽秀之气。

喀尔喀蒙古是指清代漠北蒙古喀尔喀各部所在地区，其造像风格始创于第一世哲布尊丹巴，其祖型来源于西藏中部风格，是藏式铜像的典范作品，融合了西藏、尼泊尔及内地的造像特点，工艺精湛。一般双眉高挑，上眼睑略下垂，鼻梁高直，上嘴唇薄，下唇稍厚，作樱桃小口状，总体面相极为俊美。衣纹为萨尔那特式的表现手法，轻薄贴体，仅在衣缘刻出边际线和纽花纹带。体型的塑造很出色，肩胸浑圆宽厚，腰部收敛，躯体挺直。全身比例匀称，结构合理，身体起伏变化明显。莲座呈高台状，仰覆莲瓣较高且错落有致，排列规整，上下缘饰连珠纹，底边圆缓呈卷唇状。还有一种鼓形莲座，上敞下敛，莲瓣层层包裹，但多扁薄，这种台座是喀尔喀蒙古造像的特色。

藏传佛教造像艺术的风格，总体可分为三大类：一是属于静态类的善相像，如佛、菩萨、度母等。二是忿怒相，主要是护法神系列中的神灵，如大威德金刚、护法金刚、玛哈嘎拉、马头金刚、降阎魔尊、不动明王等。三是兼有善怒两种表情的造像，如胜乐金刚、欢喜金刚、密集金刚、时轮金刚等。在护法神造像中还有怒相和善相，以及兼而有之的造像之分。与护法神造像相比较，佛、菩萨、度母类的造像显得亲切、庄严、妙好，更多地表现了慈祥、优美、宁静的审美情调。

藏传佛教密宗中往往会有许多狰狞恐怖、鼓目圆睁的忿怒造像。按照密宗的说法，是为了修习者的意念能够迅速地捕捉引起我们人类内心烦恼的邪魔，所以常把这些邪魔描绘成具体可视的形象，供修习者反思和修行。在这里，烦恼便是修习者内心最大的敌人和邪魔。例如，烦恼可能是由一个被踏在护法神脚下衰竭待毙的魔怪形象来表示。正如象征所暗示的那样，踩在护法神或是本尊脚下的非人形的邪魔，不是别人，就是我们内心贪、瞋、痴念所引起的无尽的无明烦恼。密宗造像中被塑造的头颅、脑盖骨、胫骨、人的心脏、肠子等装饰物，都不是真实的东西，而是假想的人类烦恼的种种象征。

藏传佛教的祖师和人物造像大都比较写实，注重刻画不同高僧或历史人物的形象与性格特征。

朝阳博物馆馆藏佛教造像中，汉传佛教造像比较少，而大部分是藏传佛教造像。汉传佛教造像主要有释迦牟尼佛、菩萨、罗汉和天王护法等；藏传佛教造像主要有释迦牟尼佛、诸佛、祖师、本尊、菩萨、女尊、罗汉、空行护法等。在朝阳博物馆馆藏汉传佛教造像中，晚唐金属佛像体量较小，铸造不精，线条简单，工艺粗糙。辽代金属佛像亦反映出民间造像工艺粗糙的特点。明代佛像较之前代工艺有很大进步，佛像脸形宽圆，五官较清晰，衣褶的立体感较强，手的刻画更加细腻。在汉传佛教造像的菩萨像中，辽代玉石观音像造像体量较大，设计简洁大方，衣纹质感较强，堪称造像中的上品。而明代的水月观音金铜造像，设计新颖，铸造较为精致。观音脸形圆柔，眼睛半睁半闭，衣裙花边的纹饰繁缛清晰，是反映当时铸造工艺的代表作品。藏传佛教造像的释迦牟尼佛造像中，15世纪的佛造像特点是佛的发际线较高，耳垂较长，肩部较宽，莲座相对较小，莲瓣较大，也就是说莲瓣数量较少。16世纪的佛像螺发增高，肩部较前代稍窄，莲座加宽，莲瓣数量增多。到18世纪，莲座上莲瓣的数量更多，袈裟出现繁缛的花边。藏传佛教造像中的菩萨像中，16世纪的文殊菩萨坐像的莲座边缘尚未有连珠纹，菩萨的花冠亦很简单。到18世纪，菩萨的花冠变得较为华丽，莲座的边缘装饰密集的连珠纹。我馆藏传佛教造像的祖师像均为格鲁派祖师，以戴尖顶班智达帽的格鲁派创始人宗喀巴造像最多，其次为三世章嘉活佛，反映出朝阳地区藏传佛教的主要派别。本尊像中主要有持金刚、四臂观音、马头金刚、大威德金刚、密集金刚、尊胜佛母等。女尊像有绿度母、白度母、财续佛母、大白伞盖佛母、妙音佛母、四臂般若佛母、叶衣佛母等，而以绿度母最多。罗汉像中主要有迦叶像、舍利子像。空行护法像主要有六臂大黑天、大黑天、龙女、空行母、金刚手、黄布禄金刚、黑布禄金刚、白布禄金刚、持国天王、不动明王、财宝天王、帝释天、忿怒文殊、吉祥天母、骑羊护法、最胜摄授度母等。这些造像铸造精致，神态丰富，是反映当时铸造工艺的代表作品，具有较高的欣赏价值和历史研究价值。

朝阳博物馆副馆长　李国学

注释

[1] 董高：《朝阳凤凰山摩崖佛龛考证》，《朝阳社会科学》2006年第1期

[2]《三国史记·高句丽本纪六·小獸林王元年》

[3] 黎瑶渤：《辽宁北票县西官营子北燕冯素弗墓》，《文物》1973年第3期

[4] "燕"、"齐"指西周至战国时期的诸侯国燕国与齐国，其中燕国辖境在今河北北部和辽宁西部，齐国辖境在今山东北部及胶东半岛，后来，"燕"和"齐"都成为地区名

[5] （日本）大村西崖：《支那美术史·雕塑篇》，大正四年（1915）刊

[6] 见《中国石窟·麦积山石窟》中金维诺《麦积山创建及其艺术成就》一文，日本平凡社，1987年

[7] 民国十九年修《朝阳县志》卷八

[8] 朝阳市民委：《朝阳市少数民族志》，辽宁民族出版社，2004年，第191页

[9] 蒙文史籍《胜教宝灯》

汉传佛教造像艺术

汉传佛教指流行于中国内地，以汉语为传播载体的佛教流派。在 2000 余年的发展中，佛教造像艺术在中国汉文化影响下艺术风格不断发生变化，南北朝轻盈飘逸、隋唐典雅端庄、宋代写实自然、明清浅显媚俗，形成了具有我国汉文化特色的艺术形式。汉传佛教造像艺术是中国佛教汉化的最生动体现，同时也是中国传统文化中璀璨夺目的明珠。

朝阳博物馆所藏的汉传佛教造像以石刻、木雕和金铜造像为主。

石刻佛教造像原为供奉于寺院的宗教艺术品。南北朝、隋唐是石刻造像的鼎盛时期。北朝造像，总体上追求一种庄严肃穆的高洁格调，面容拙朴，不注重人体造型，衣纹线条流畅夸张，晚期采用较为写实的手法，风格趋向生动自然。隋代造像，显示了北朝造像向唐代造像过渡的特点。整体多方正肥重，头部比例稍大，大多丰满硕壮。中国佛教造像艺术在唐代达到顶峰，佛的庄严典雅，菩萨的端丽柔媚，力士的孔武有力，被刻划得淋漓尽致，作品着力表现雕刻对象的动作与感情，处理衣纹和肌肉，手法灵活。其中一些制作精美或有纪年铭文石刻造像，它们与石窟造像具有同等的艺术与文物价值。

世界上最早的木雕佛像应属《增一阿含经》

等经典记载的公元前 6 世纪释迦牟尼佛成道后，上到切利天宫为其母摩耶夫人说法，当时人间的优填王思念佛陀，就命巧匠以牛头旃檀木雕刻的举高五尺的立佛了。我国雕制的年代最早的木雕佛教造像，应属于被当年传法求法的僧侣携入日本并藏于日本各地寺庙庵堂供奉的隋唐时期的作品。朝阳博物馆藏木雕佛像只存一尊，为元代作品，佛像面型雍容，衣纹简洁，堪称佳作。

中国最早的金铜佛造像出现在 2 世纪。十六国时期，反映小乘佛教禅观思想的禅定佛像盛行一时。北朝时期，中国金铜造像随着佛说法像、释迦多宝二佛并坐像与莲花手观音像的产生而形成汉地风格。这一时期，大乘佛教思想对佛教艺术的影响显著加强。隋代造像保留了北齐、北周的遗韵。唐代金铜佛造像艺术日益注重人体的自然美，以女性成熟丰盈的体态为菩萨像的表现形式。宋代依据世俗的审美情趣和要求来塑造的佛像以写实著称，到了元明清三代，由于藏传佛教在内地的影响和冲击，汉式传统造像开始逐渐衰落。汉式金铜造像艺术是人们的宗教信仰与精神面貌的时代缩影。

释迦牟尼佛

　　释迦牟尼,佛教的创始人,前565年出生于北印度的迦毗罗卫城。其姓乔达摩,名悉达多。"释迦"是他所属的部族释迦族的名称;"牟尼"意为"文"、"仁"、"寂默"等。"释迦牟尼",意译为"释迦族的修行成就者"、"释迦族的圣人"。悉达多在29岁时放弃奢华的生活与未来的王位,削发易服成为出家者,寻求解脱之道,最终成为觉悟者,即佛陀,时年35岁。在以后的40余年中他主要以王舍城与舍卫城为中心传播佛教,教化众生,直至80岁示现涅槃。在早期佛教中,释迦牟尼只作为佛教的创始者受到信徒的敬仰和尊崇,没有偶像崇拜。前300年左右,希腊的亚历山大帝东征印度,把希腊诸神的偶像崇拜带到该地区。前100年左右,原来在中国西北地区的大月氏被命运所驱赶,成了印度西北地区的新霸主,即贵霜皇朝。那时的犍陀罗是丝绸之路的枢纽。贵霜皇帝出资为新兴的大乘佛教在克什米尔结集经文。大乘在当权皇帝的扶持下随即在西北地区蔚然成风,最初的佛像也就在这东西来往的环境中露出了东西融合的新面孔。佛陀的生平经历被定型为一种成佛的格式,所谓"八相成道",他的体形具有三十二相、八十种好,他的思想被神格化、永恒化,称之为"法身",而他的生身反而被称为"化身",修行获得佛果而显示佛智的可称为"报身",于是有了"三身"之说。佛于是从具体的教主释迦牟尼中被抽象出来,成了最高的信仰对象。

释迦牟尼坐像

铜质 五代 高6厘米

平光肉髻，面部丰腴，眉如弯月，眼微睁，高鼻竖直，鼻翼略宽，嘴角微翘，神态慈祥、温和。外着垂领长袖僧袍，衣纹深且线条流畅，褶皱起伏，富有质感。双手揣合于腹前，双腿盘起，端坐稳重。

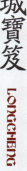

释迦牟尼坐像

铜质 辽 高9.7厘米

头饰螺发，肉髻微凸，面部圆润，双耳垂至肩部。双目微睁，鼻翼稍宽。着圆领通肩式袈裟，衣褶线条自然流畅。双手结禅定印置于腹前。结跏趺坐于仰莲座上。

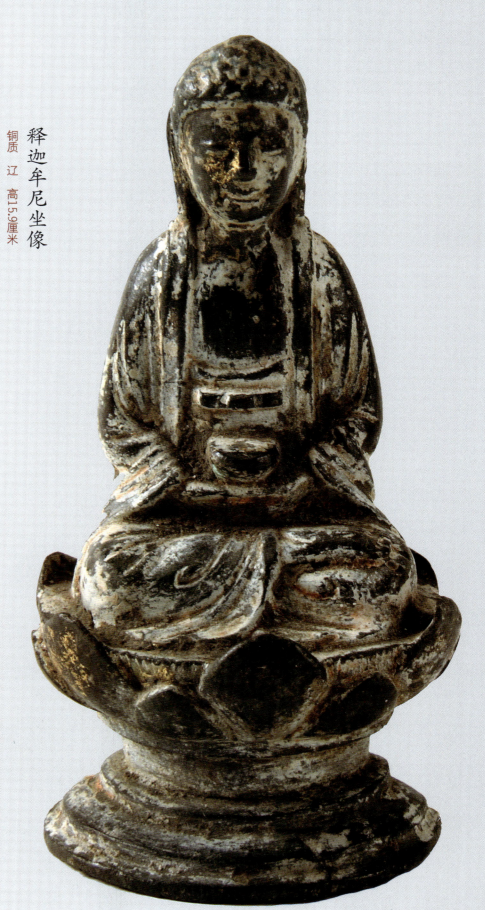

释迦牟尼坐像

铜质　辽　高15.9厘米

头饰螺发，头顶肉髻呈尖状。面椭圆形，两颊内敛。双目低垂，鼻梁高耸，鼻翼稍宽，嘴角微翘。双耳垂至肩部。着通肩式袈裟，衣纹褶皱线条流畅，腰系带。双手托钵置于腹前。结跏趺坐于仰莲座上。

龍城寶笈

释迦牟尼坐像

木质　元　高20厘米

头顶肉髻呈覆碗状。双目微睁，面相慈祥安静。着袒右肩式袈裟，袈裟盖住右肩，结跏趺坐。左臂回曲，手缺失；右臂自肘以下缺失。双腿回曲处残缺。衣纹线条清晰流畅，具有较强的质感。

释迦牟尼坐像

铜质　明　高33.2厘米

头部螺发规整，肉髻平缓。面部丰腴，神态安详，双目低垂，鼻翼较宽，双唇闭合，双耳偏后。着双领下垂式袈裟。左手结禅定印，右手结触地印，跏趺坐。衣着线条自然流畅，突显衣纹质感。

释迦牟尼坐像

铜质 明 高24厘米

　　头饰螺发，肉髻圆耸，面部方圆、丰润。眉呈弯月，眉间嵌白毫，双唇闭合。着双领下垂式袈裟，胸前刻"卍"字符号。左手结禅定印，右手结触地印。全跏趺坐。

释迦牟尼坐像

铜质　明　高54.6厘米

头饰螺发，肉髻圆耸，面部方圆、丰润。长眉弯细上挑且与鼻梁交合，鼻翼较宽，双目微睁，嘴闭合。双耳垂于肩部。着袒右肩式袈裟，衣角盖住右肩。双手于下腹前结禅定印，全跏趺坐。衣褶较宽，但线条流畅，飘逸洒脱，注重衣纹质感的刻画。

释迦牟尼立像

铜质　辽　高10.6厘米

头饰螺发，肉髻不显，面相圆润，双耳垂肩。双目闭合，鼻翼较宽，嘴部较小，上唇隆起。着通肩式袈裟，胸前向下至膝下可见数道U形衣纹。双手于胸前托钵，钵内满盛物。跣足站立于须弥座上。

释迦牟尼诞生像

铜质　明　高15厘米

光头，裸体，着双肩带式肚兜。左手上举，右手下垂指地，跣足站立于覆莲座上。

释迦牟尼诞生像

铜质　清　高10厘米

光头，裸体，着挂脖式肚兜。左手上举指天，右手下垂指地，跣足站立于须弥座上。

菩 萨

　　菩萨全称"菩提萨埵"，意译"觉有情"、"道众生"、"道心众生"等；亦称"开士"、"高士"、"大士"等。是指以佛法觉悟众生并以最终成佛为实践目的的修行者。在佛教初创的小乘时期，仅把释迦牟尼累世修行的前身和尚未成佛的悉达多太子称为菩萨。大乘佛教创立后，根据"人人具有佛性，人人皆可成佛"的理论，把凡是立下宏愿，上求佛道，下化众生者都称之为菩萨。菩萨的任务是将所有轮回中的众生度化成佛。汉地佛教中最崇奉的是观音、文殊、普贤、地藏四大菩萨，他们分别以大悲、大智、大行与大愿为特征。此类受到崇拜的菩萨，在佛教界多视为某种教理的化身；在大众的信仰中，则普遍当作大慈大悲、救苦救难、护佑众生、神通无限的象征。

　　菩萨传入中国前，菩萨造像大多是带髭须的男相。菩萨传入中国以后，其形象开始往女性化靠拢，形体、相貌、服饰逐渐女性化。其造像柔丽慈祥，阳刚与阴柔，壮美与优美交相辉映，蕴含着无与伦比的美学价值。

　　魏晋时期，佛教在中国逐渐得到普及，但佛教造像的造型还带有浓重的外来特征。真正让佛教造像穿上汉装的是北魏时期。北魏孝文帝推行一系列汉化政策并大力提倡佛教，使中国北方的佛像艺术产生质的变化，他们将服装改为汉装，并吸取了南朝士大夫"褒衣博带"的服饰特征，使佛教造像汉化越来越浓。隋代造像开始追求雍容华贵的风度。唐代，菩萨的脸形和身段显示出"丰肌秀骨"的风韵，线条流畅，色彩明快，脸形丰腴，端庄秀美，脖项出现凹浅(即"双下巴")，隐射出一种不容亵渎的贵族妇女的尊严。宋代菩萨在题材内容和表现手法上有了新的发展，并逐步向世俗化靠拢，菩萨放下了庄严肃穆、高贵神圣的架势，身上的神秘感得以减弱，显得亲切而平易。辽代基本继承唐代的传统，菩萨衣饰舒展得体，飘带流畅生风，端丽中透出肃穆，雅丽中折射精美。元、明、清菩萨造像得到空前发展，并遍及每个村落，材质不断增加，工艺技术日益进步。由于数量过多，造像的庄严性与神韵却有减弱的趋势。

水月观音

铜质　鎏金　明　高30.5厘米

　　菩萨头戴宝冠，繁饰华丽，宝冠中间有一化佛。面相圆润，眉清目秀，神态慈祥。袒上身，项佩璎珞，肩着帔帛，自肩向下绕于双臂飘于体侧。左手置于胸前托净瓶，右手拇指与无名指相捏，置于右胸前。右腿回盘，右脚置于左腿上；左腿下垂，脚踩一兽。坐于束腰座上。

送子观音

铜质 清 高11.3厘米

身着连帽式斗篷。面呈椭圆形，眉细弯，双目微闭，鼻翼较宽，嘴闭合。胸前佩饰璎珞，腰间系带打蝴蝶结扣。左腿盘曲，右腿支立，右手抚膝，坐于一仙台之上。身前坐一童子。台座底饰海水波浪纹。

观世音菩萨坐像

铜质 清 高18.7厘米

高发髻，宝缯垂于脑后。身着双领下垂式袈裟，项戴璎珞。双手在下腹前相叠，手心向上。结跏趺坐于圆形台座之上。

观世音菩萨坐像

铜质　清　高11.4厘米

头戴五叶冠，身着袈裟，前胸铸有"卍"字。左手托宝瓶置于腹前，右臂回曲，右手缺失。结跏趺坐于三层仰莲座上。

观世音菩萨坐像

铜质　清　高16.4厘米

头戴宝冠，宝冠中间有化佛。圆形耳珰。身着双领下垂式袈裟，左手置于足上结禅定印，右手拇指与中指、无名指相捏置于胸前。结跏趺坐于三层仰莲座上。

观世音菩萨坐像

铜质　清　高14.4厘米

头顶置一化佛。椭圆脸，双目微睁，圆形耳珰。身着双领下垂式袈裟，左手置于足上托宝瓶，右手抚右膝作触地印。结跏趺坐于三层仰莲座上。

罗汉护法

罗汉，是修行得道的高僧，为梵语音译"阿罗汉果"的简称，在大乘佛教中的地位次于佛与菩萨，为第三等。而在小乘佛教中，罗汉则是修行所能达到的最高果位。佛教认为，获得罗汉这一果位即断尽一切烦恼，应受天人的供应，不再生死轮回。在中国寺院中常有十六罗汉、十八罗汉和五百罗汉。在寺院的造像中，他们往往在大雄宝殿内，作为陪衬人物环护在佛的两旁。罗汉像因无经典仪轨依据，会随各代的艺术家来创作表现。通常是剃发出家的比丘形象，身着僧衣，简朴清净，姿态不拘，随意自在，反映现实中清修梵行、睿智安详的高僧大德。

护法又称护法神，是佛教的护法者，保护、维持佛陀正法的意思。佛陀为顾虑末世会有诽谤正法、破坏寺塔者，就派请四大声闻、十六阿罗汉等护持佛法。梵天、帝释天、四天王、十二神将、二十八部众等听闻佛陀说法后，都誓愿护持正法，这些拥护佛法的众神被称为护法善神。随着佛教的发展，护法神的队伍不断扩大，其来源多途，有的原为善神，但多数护法为凶神、恶神。护法神不仅充当守护佛教的职责，还负责保护众生，具有息灾、增益、敬爱、降伏等四种济世功德。

泗州和尚

石质 辽 高39厘米

双腿盘坐于长方形坐垫之上。头戴帽帻，帻遮于肩部及后颈背部。身着右衽长袍，右手拿经卷置于右膝处。左手放于左膝上。腰间一长带将左臂缚绕其中。

力士像铺首

铜质　鎏金　辽　高7.6厘米

力士像身材圆硕。身穿甲胄，臂戴护膊，左腿盘坐，右腿曲伸。双手于腹前握如意形环。身后有头光。

关公坐像

铜质　清　高12.3厘米

头戴巾帻，身穿戎袍，腹饰花纹。左臂架起，左手按于左腿，右臂回曲，右手拇指与中指、无名指相捏，双腿分开端坐于长方形凳上，脚下有踏板。

关公坐像

铜质 清 高9.4厘米

头戴巾帻，身穿戎袍，腹部饰四瓣花。左臂架起，左手按于左腿，右臂回曲，右手拇指与中指、无名指相捏，双腿分开端坐于长方形凳上，脚下有踏板。

龍城寶笈

关公立像

铜质　清　高15.4厘米

头戴宽檐帽，身穿甲衣战袍，右手置于右肩前作握物状，手中物件缺失。左手握刀置于左胯旁，刀缺失。双脚分开呈站立姿势。右脚下有立柱，原应为插立于台座之上。

周仓像

铜质　清　高15.8厘米

周仓，字元福，是历史小说《三国演义》中的人物，其形象为身材高大、黑面虬髯的关西大汉，本是黄巾军出身，关羽千里寻兄之时请求跟随，自此对关羽忠心不贰。在听说关羽兵败被弑后，周仓也自刎而死。在《三国演义》及此后的各种民间传说中，周仓均以关羽护卫的形象出现，在各地的关帝庙中，关羽神像的两侧也经常供奉周仓、关平（关羽之子）的神像。

此像头戴巾帻，帽顶红缨摇起。粗眉圆目，头向左转。身穿戎袍，足蹬战靴。左手执物置于腹前，手中物件缺失；右手握物置于右胸旁，手中物件亦缺失。

大肚弥勒佛

铜质　清　高6.4厘米

50

据说大肚弥勒佛的原型是一个名叫契此的和尚。据《宋高僧传》记载，契此是五代明州(今宁波)人，生于浙江奉化，原名契此，号长汀子。他常常在锡杖上挂着布袋游方化缘，故称"布袋和尚"。传说后梁贞明二年，契此坐化于明州岳林寺庑下磐石之上，圆寂前留下一偈："弥勒真弥勒，分身千百亿，时时示时人，时人自不识。"宋崇宁三年，奉化岳林寺住持昙振为他建阁塑像。后来，大肚弥勒形象就流传开来，成为佛寺的定制。

此像圆头大耳、袒胸开怀、笑容满面。身披袈裟，袒胸露腹，身材肥胖，大腹便便。左腿盘曲，右腿支立，左手握一袋子，置于左腿上；右手握佛珠置于右膝上。席地而坐。

龙女

铜质　清　高7厘米

　　龙女，是传说佛教护法神"二十诸天"中第十九天之婆竭罗龙王的女儿，聪明伶俐，8岁时偶听文殊菩萨在龙宫说《法华经》，豁然觉悟，通达佛法，发菩提心，遂去灵鹫山礼拜佛陀，以龙身成就佛道。

　　此尊龙女头顶两侧梳双环髻，身穿宽袖仙衣，飘带从头后经双臂拦挽飘垂于体侧，跣足而站立姿。

藏传佛教造像艺术

　　藏传佛教造像是流行于我国蒙藏地区的佛教造像艺术形式，其题材广泛，风格独特，与汉传佛像有明显区别，体现了蒙藏民族特有的宗教追求和审美情趣。由于地域和宗教方面的原因，早期藏传佛教造像与毗邻的印度、尼泊尔、巴基斯坦、克什米尔等地的佛像以及中国内地汉传佛像有着千丝万缕的联系。从元朝开始，因西藏归入内地中央政府，藏传佛教造像开始向中原形式转化，元明清宫廷造像为这一时期藏传佛教造像经典之作，为藏式风格向中原艺术转化起到了重要的桥梁作用。藏传佛教造像艺术的演变之路从一个方面反映了西藏与中原地区密切的政治、文化渊源关系。

　　朝阳博物馆所藏藏传佛教造像皆为金铜制品。根据佛教造像的神格，分为释迦牟尼、诸佛、祖师、本尊、菩萨、女尊、罗汉和空行护法八类。释迦牟尼形象是佛教艺术最常见的题材，一般为成道相、说法相。诸佛是指除释迦牟尼以外的佛，包括毗卢遮那佛、无量寿佛、燃灯佛、弥勒佛和药师佛等。菩萨类有弥勒、文殊、八臂文殊、千手观音、三面十二臂观音、十一面观音菩萨等。祖师像有宗喀巴、三世章嘉等，是现实主义的作品。本尊类有持金刚、四臂观音、马头金刚、大威德金刚、密修双身佛、双身持金刚、尊胜佛母等。女尊包括佛母和度母。佛母是藏密中特有的女性神祇，用来喻指佛与菩萨的智慧。度母以白度母、绿度母最为常见。罗汉是梵语阿罗汉的简称，是小乘佛教修行的最高果位，有迦叶、舍利子等。空行护法有大黑天、六臂大黑天、龙女、空行母、金刚手护法、黄布禄金刚、黑布禄金刚、持国天王、不动明王、财宝天王、帝释天、忿怒文殊、吉祥天母、骑羊护法、最胜摄授度母等。这些作品基本上涵盖了藏传佛教造像的主要图像形式，代表了辽西地区不同风格的造像艺术。

 释迦牟尼佛

　　释迦牟尼，意为"释迦族的圣人"。据佛典记载，释迦牟尼本名乔达摩·悉达多，是北印度迦毗罗卫国(今尼泊尔南部) 净饭王太子。舍弃豪华生活出家修行，最后觉悟，创立佛教。据佛典记载，仙人艾希达为悉达多看相，说太子并非寻常人物，他的体相中有 32 种非凡特征和 80 种特点，称为"三十二相"、"八十种好"，合称"相好"。在造像和绘画中，佛与众不同之处最常表现在顶有肉髻，青绀色螺发右旋，眉间有白银毫毛，即"白毫"，手中掌心有轮相等。释迦牟尼佛像变化很少，只有坐姿和立姿两种，禅定印、与愿印、触地印、转法轮印和无畏印为最觉五大手印。

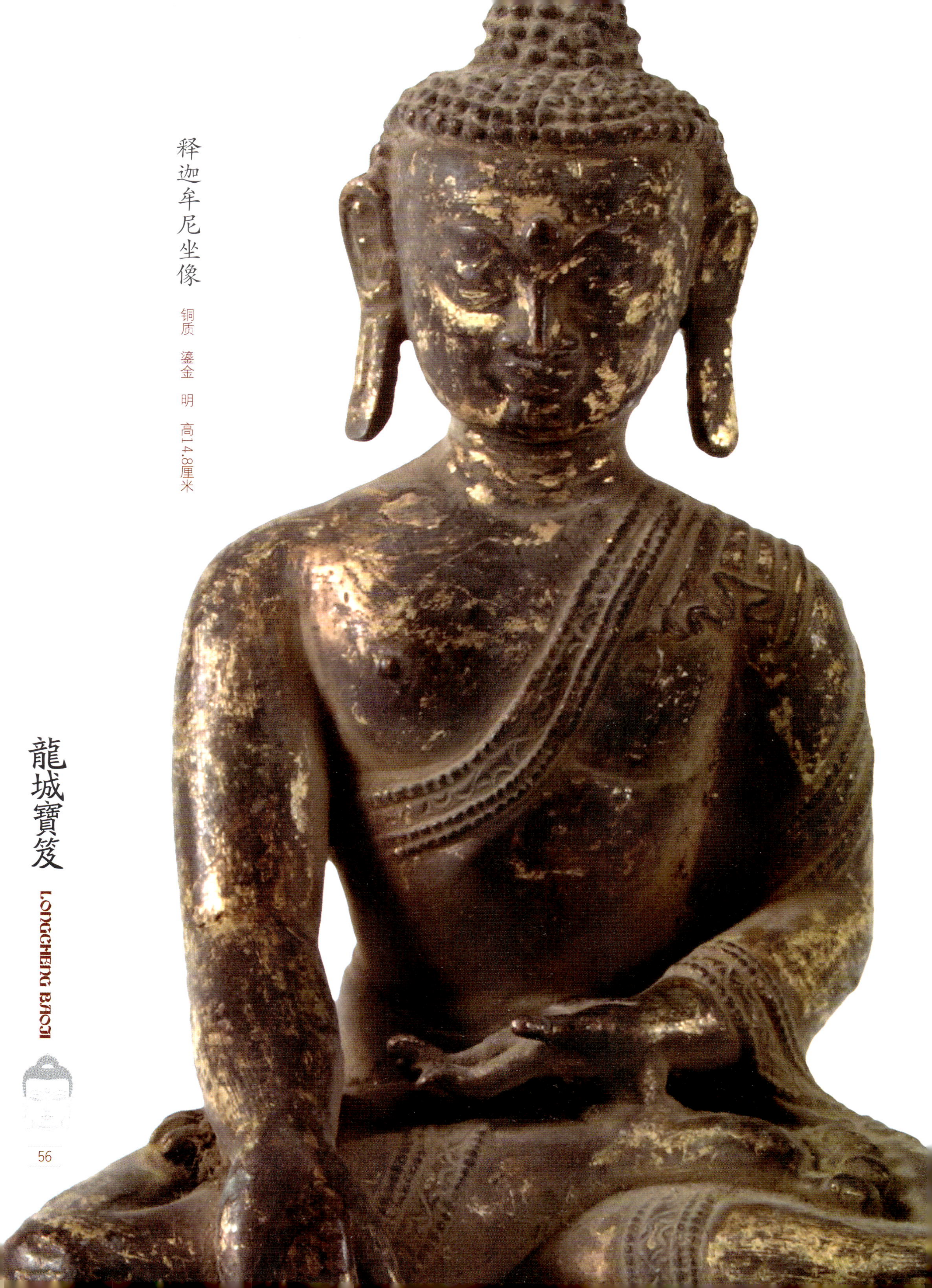

释迦牟尼坐像

铜质 鎏金 明 高14.8厘米

龙城宝笈

LONGCHENG BAOJI

头饰螺发，肉髻高耸，肉髻下缘宽于髻腹。发际线较高而宽。面部上宽下窄呈椭圆形。弯眉上挑，眉宇间饰白毫。双目微睁下视。高鼻梁，鼻翼宽平。双唇紧闭。双耳长垂。着袒右肩式袈裟，衣纹简洁，袈裟边缘饰连珠纹。左手置腹前结禅定印，右手结触地印，又称降魔印。全跏趺坐于仰覆莲座上。座上下缘均饰连珠纹。

释迦牟尼坐像

铜质　明　高15.9厘米

头饰螺发，肉髻高耸，肉髻根部宽于髻腹，髻顶宝珠较大。面部慈祥安静。双目微睁下视。着袒右肩式袈裟。衣纹较少，袈裟边缘纹饰简单。左手置于腹前结禅定印，右手结触地印。全跏趺坐于仰覆莲座上，座上前部置一金刚杵。

释迦牟尼坐像

铜质　明　高9.7厘米

　　头饰螺发，肉髻低矮。螺发涂蓝色。面部慈祥安静。双目微睁下视，眉间有白毫。着袒右肩式袈裟。衣纹较少。左手置于腹前结禅定印，右手结触地印。全跏趺坐于仰覆莲座上，座上置一金刚杵，其形状低矮扁平。

释迦牟尼坐像

铜质 清 高45厘米

　　头饰螺发，肉髻高耸。肉髻呈覆钵状。面部慈祥安静。双目微睁下视，眼白涂白色。朱唇。着袒右肩式袈裟，袈裟角盖住右肩。衣纹流畅，质感较强。左手置于腹前结禅定印，右手结触地印。全跏趺坐于仰覆莲座上。

释迦牟尼坐像

铜质　鎏金　清　高6.3厘米

　　头饰螺发，肉髻高耸。肉髻根部宽于髻腹且肉髻直径较大。面部慈祥安静。眉上扬，双目微睁下视。朱唇。着袒右肩式袈裟。袈裟边饰繁缛花纹，衣纹简洁，质感较强。左手置于腹前结禅定印，右手结触地印。全跏趺坐于仰覆莲座上。

释迦牟尼坐像

铜质 鎏金 清 高23.3厘米

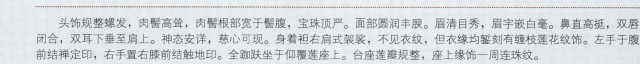

头饰规整螺发，肉髻高耸，肉髻根部宽于髻腹，宝珠顶严。面部圆润丰腴。眉清目秀，眉宇嵌白毫。鼻直高挺，双唇闭合，双耳下垂至肩上。神态安详，慈心可现。身着袒右肩式袈裟，不见衣纹，但衣缘均錾刻有缠枝莲花纹饰。左手于腹前结禅定印，右手置右膝前结触地印。全跏趺坐于仰覆莲座上。台座莲瓣规整，座上缘饰一周连珠纹。

释迦牟尼坐像

铜质　鎏金　清　高16厘米

螺发，肉髻高耸，肉髻根部宽于髻腹。面部圆润丰腴，眉清目秀，神态安详。身着袒右肩式袈裟，袈裟角盖住右肩，少见衣褶。左手托钵于腹前，右手置于右膝前结触地印。全跏趺坐于仰覆莲座上。台座莲瓣规整，座上缘饰一周连珠纹。

释迦牟尼坐像

铜质　鎏金　清　高16.5厘米

64

螺发，肉髻高耸，肉髻根部宽于髻腹，螺发涂蓝色。面部偏瘦，细眉清秀，神态安详。身着袒右肩式袈裟，袈裟边缘錾刻花纹。左手托钵于腹前，钵缺失。右手置于右膝前结触地印。全跏趺坐于仰覆莲座上，座上缘饰一周连珠纹。

释迦牟尼坐像

铜质　清　高10.4厘米

　　螺发，肉髻三角形。面部丰圆，双目低垂，神态安详。身着袒右肩式袈裟。左手托钵于腹前。右臂回曲，右手置于胸前，五指伸开。全跏趺坐于仰覆莲座上，座上缘饰一周连珠纹。

诸 佛

　　前1世纪到2世纪间大乘佛教兴起，基于其"一切众生皆具佛性"的根本性理念和宏观的时空观念，释迦牟尼佛只是众多佛陀之一而非唯一，在不同的世界，即时间和空间领域内，都曾有，或正有，或将有众生由觉悟本具的佛性而成为觉者——佛陀，成道后的每尊佛陀又都有法身、报身、应身或化身的不同显现，因此大乘佛教认为存在着所谓"十方三世恒沙数佛"。

　　在藏传佛教中，部分佛像题材显宗密宗皆有，最常见的是三世佛，三世佛的组合有所谓横、竖三世之分。竖三世即指过去世的燃灯佛、现在世的释迦牟尼佛和未来世的弥勒佛。横三世则是以佛经中称我们所居的娑婆世界的教主释迦牟尼佛为中心，加上东方净琉璃世界的药师佛和西方极乐世界的阿弥陀佛。朝阳博物馆馆藏诸佛造像主要有毗卢遮那佛、药师佛、无量寿佛、燃灯佛等。无量寿佛在藏传佛教中更多是将其视为长寿尊加以供奉，在清代宫廷更有一次成千上万尊的大规模制作，因此无量寿佛造像存世最多。藏教佛教中的诸佛造像除佛装如来相者外，另常见戴宝冠，佩璎珞，着天衣的菩萨装束，为汉传佛像所不见。

毗卢遮那佛

铜质　明　高12.3厘米

螺发，肉髻高耸呈覆钵状。头微俯，双目低垂，大耳垂肩。身着袒右肩式袈裟，质感很薄。双手置于胸前，右手握住左手的拇指。全跏趺坐于仰覆莲座之上，莲瓣宽大。

毗卢遮那佛

铜质　鎏金　清　高17.2厘米

....

　　螺发，肉髻高耸呈覆钵状。面部丰腴，双目低垂。身着袒右肩式袈裟。双手置于胸前，两手无名指、小拇指交叉相扣，其余手指支立。全跏趺坐于仰覆莲座之上，座上缘饰一周连珠纹。

毗卢遮那佛

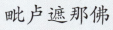

铜质　清　高10.4厘米

螺发，肉髻高耸呈三角形。双目半睁半闭。身着袒右肩式袈裟。双手置于胸前，两手无名指、小拇指交叉相扣，其余手指支立。全跏趺坐于仰覆莲座之上，座上缘饰一周连珠纹。

毗卢遮那佛

铜质　清　高6.5厘米

肉髻高耸，髻腹及上面的宝珠均呈折肩形。面清瘦，双目半睁半闭。身着袒右肩式袈裟，袈裟边缘饰四瓣式小花。双手置于胸前，两手中指、无名指、小拇指交叉相合，其余手指支立。全跏趺坐于仰覆莲座之上，座上缘饰一周连珠纹。

药师佛

铜质　明　高34.3厘米

螺发，肉髻高耸。面部丰腴，双目低垂，双耳垂肩，神态慈祥安静。身着袒右肩式袈裟，袈裟角盖住右肩。衣褶线条流畅，质感突显。左手置于腹前结禅定印，右手置于右膝前结触地印。全跏趺坐于仰覆莲座之上。除螺发外，其余部位涂泥金。

药师佛

铜质　清　高10.6厘米

螺发，肉髻高耸，宝珠顶严，肉髻根部与髻腹宽窄相当。面部清瘦，双目低垂，眉间有白毫，神态慈祥安静。身着袒右肩式袈裟，衣褶较宽。左手置于腹前结禅定印，右手置于右膝前施与愿印。左右手中心均有圆孔，原手中当有物件，今缺失。全跏趺坐于仰覆莲座之上。

无量寿佛

铜质　明　高15.8厘米

头戴五叶宝冠，宝缯垂于两肩。面部圆润，宽眉宇间有白毫。鼻梁挺直，双唇涂朱。项佩璎珞。体侧帔帛飘动，下着薄裙。双手结禅定印托甘露宝瓶。全跏趺坐于仰覆莲座之上。

无量寿佛

铜质　鎏金　清　高21.3厘米

头戴五叶宝冠，葫芦形发髻，宝珠顶严。宝缯垂于两肩。面部圆润，眉宇间有白毫。项佩璎珞。下着薄裙。双手结禅
定印托甘露宝瓶。全跏趺坐于仰覆莲座之上，莲瓣呈半圆形。

无量寿佛

铜质 清 高11.8厘米

头戴五叶宝冠。宝缯垂于两肩。面部清瘦，宽眉宇间有白毫。袒上身。项佩璎珞。飘带绕于两臂，飘于体侧。下着长裙。双手结禅定印托甘露宝瓶。全跏趺坐于仰覆莲座之上。面涂泥金。

无量寿佛

铜质　鎏金　清　高9.3厘米

头戴五叶宝冠。花式耳珰垂于两肩。圆脸庞。袒上身。项佩璎珞。飘带绕于两臂，飘于体侧。下着长裙，裙边饰花纹带。双手结禅定印托甘露宝瓶。全跏趺坐于仰覆莲座之上。

龍城寶笈

无量寿佛

铜质　鎏金　清　高17.1厘米

头戴五叶宝冠，葫芦形发髻。环形耳珰垂于两肩。面部丰腴。祖上身。项佩璎珞。飘带绕于两臂，飘于体侧。下着长裙。双臂、腕、脚踝均戴珠饰。双手结禅定印，手中托甘露宝瓶缺失。全跏趺坐于仰覆莲座之上。

无量寿佛

铜质 鎏金 清 高17.4厘米

头戴五叶宝冠。圆形耳珰垂于两肩。面部丰腴，双目低垂。袒上身。项佩璎珞。飘带绕于两臂，飘于体侧。下着长裙，裙边缘装饰花纹。双臂、腕、脚踝均戴珠饰。双手结禅定印，手中托甘露宝瓶缺失。全跏趺坐于仰覆莲座之上。

无量寿佛

铜质　鎏金　清　高16.8厘米

头戴五叶宝冠，葫芦形发髻，顶珠缺失。圆形耳珰垂于两肩。双目低垂。袒上身。项佩璎珞。飘带绕于两臂，飘于体侧。下着长裙，裙边缘装饰花纹。双臂、腕、脚踝均戴珠饰。双手结禅定印，手中应托甘露宝瓶，宝瓶缺失。全跏趺坐于仰覆莲座之上。

无量寿佛

铜质　清　高31.5厘米

　　头戴五叶宝冠，缯带飘于肩上。葫芦形发髻。圆形耳珰垂于两肩。面部清瘦，唇缝残留朱红。袒上身。项佩璎珞。飘带绕于两臂，飘于体侧。下着长裙。双臂、腕、脚踝均戴珠饰。双手结禅定印，手中所托甘露宝瓶缺失。全跏趺坐于仰覆莲座之上。

无量寿佛

铜质　鎏金　清　高17.4厘米

头戴五叶宝冠，葫芦形发髻。圆形耳珰垂于两肩。面部丰润，双目低垂。袒上身。项佩璎珞。帔帛绕于两臂，飘于体侧。下着长裙，裙边缘装饰花纹。双臂、腕、脚踝均戴珠饰。双手结禅定印，手中所托甘露宝瓶缺失。全跏趺坐于仰覆莲座之上。

无量寿佛

铜质　鎏金　清　高16.7厘米

头戴单叶宝冠。花式宝缯垂于两肩。面部较瘦，双目低垂，唇部涂朱。袒上身，下着长裙，裙边缘饰花纹。项佩璎
珞。双臂、腕、脚踝均戴珠饰。双手结禅定印。全跏趺坐于仰覆莲座之上。

无量寿佛

铜质　清　高15.8厘米

头戴五叶宝冠，缯带于耳后飘逸。圆形耳珰垂于两肩。面部丰腴，双目微睁。袒上身，下着长裙。项佩璎珞。帔帛绕于双臂飘于体侧。双臂、腕、脚踝均戴环饰。双手结禅定印。全跏趺坐于仰覆莲座之上。

无量寿佛

铜质　清　高10.3厘米

头戴五叶宝冠，葫芦形发髻。圆形耳珰垂于两肩。双目低垂，眉间有白毫。袒上身，瘦腰，下着长裙，裙边装饰花纹。项佩璎珞。帔帛绕于双臂后飘浮。双臂、腕、脚踝均戴环饰。双手结禅定印，手中托宝瓶缺失。全跏趺坐于仰覆莲座之上。

无量寿佛

铜质 清 高15.1厘米

头戴五叶宝冠。圆形耳珰垂于两肩。双目低垂。袒上身，瘦腰，下着长裙，裙边装饰花纹。项佩璎珞。飘带绕于双臂飘垂于体侧。双臂、腕、脚踝均戴环饰。双手结禅定印，手中所托宝瓶缺失。全跏趺坐于仰覆莲座之上。

无量寿佛

铜质　鎏金　清　高9.1厘米

头戴五叶宝冠。圆形耳珰垂于两肩。双目低视。袒上身，瘦腰，下着长裙，裙边装饰花纹。项佩璎珞。帔帛绕于双臂飘垂于体侧。双臂、腕、脚踝均戴珠饰。双手结禅定印，手中所托宝瓶缺失。全跏趺坐于仰覆莲座之上。

无量寿佛

铜质　清　高6.9厘米

　　螺发，肉髻高耸。肉髻呈覆碗状。面部丰圆，双目低垂。身着袒右肩式袈裟。双手于腹前结禅定印，手中托宝瓶。全跏趺坐于仰覆莲座之上。

燃灯佛

铜质　鎏金　清　高15.9厘米

螺发，肉髻高耸，肉髻呈覆碗状，髻顶饰桃形宝珠。面部圆润，双目低垂。袒胸。身着袒右肩式袈裟，袈裟角盖住右肩，下穿长裙。袈裟及长裙边缘饰精美花纹。双手于胸前结说法印。全跏趺坐于仰覆莲座之上，莲座上缘饰一周连珠纹。

燃灯佛

铜质　鎏金　清　高16.3厘米

螺发，肉髻高耸，肉髻整体呈三角形。面部圆润，双目微睁，黑眉朱唇。袒胸。身着袒右肩式袈裟，袈裟角盖住右肩，下穿长裙。袈裟及长裙边缘饰精美花纹。双手于胸前结说法印。全跏趺坐于仰覆莲座之上，莲座上缘饰一周连珠纹。

燃灯佛

铜质　清　高8.5厘米

螺发，肉髻高耸，肉髻整体呈覆碗状。双目微睁。袒胸。身着袒右肩式袈裟，下穿长裙，少见衣褶。袈裟及长裙边缘装饰花纹。双手于胸前结说法印。全跏趺坐于仰覆莲座之上，莲座上缘饰一周连珠纹。

螺发，肉髻高耸、肥大，髻腹大于根部。双目微睁，眉间有白毫。身着袒右肩式袈裟，下穿长裙，少见衣褶。袈裟及长裙边缘装饰花纹。双手于胸前结说法印。全跏趺坐于仰覆莲座之上，莲座上缘饰一周连珠纹。

铜质　清　高18.7厘米

燃灯佛

弥勒佛

铜质　鎏金　清　高32厘米

　　螺发，肉髻高耸，髻根部大于髻腹。双目低垂。袒胸。身着袒右肩式袈裟，下穿长裙，少见衣褶。袈裟及长裙边缘饰条形纹。双手于胸前结说法印。全跏趺坐于仰覆莲座之上，莲座上缘及莲瓣下各饰一周连珠纹。

弥勒佛

铜质　鎏金　清　高49厘米

　　螺发，肉髻高耸，肉髻呈覆碗状。细眉上挑，双目低垂。袒胸。身着袒右肩式袈裟，袈裟角盖住右肩。下穿长裙。衣褶流畅。双手于胸前结说法印。全跏趺坐于仰覆莲座之上，莲座上缘饰一周连珠纹。

弥勒佛

铜质　鎏金　清　高16.5厘米

螺发，肉髻高耸，肉髻呈覆碗状。细眉上挑，双目微睁。袒胸。身着袒右肩式袈裟。下穿长裙。少见衣褶，袈裟及长裙边缘装饰花纹。双手于胸前结说法印。全跏趺坐于仰覆莲座之上，莲座上缘饰一周连珠纹。

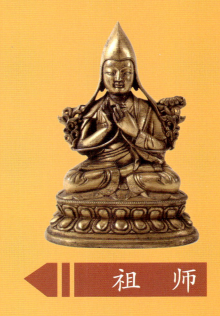

祖　师

　　祖师是指在佛教中创立宗派的人，或在修学与弘法上有杰出成就的高僧大德，这些人的形象因而为后世信奉者所供养。由于密宗修行强调师承传授的缘故，因此在藏传佛教中，对祖师的尊崇极为普遍和隆重。藏传佛教祖师造像所涉及的人物非常广泛，除了8到13世纪时印度的密宗大师们，更多的是西藏本土教派的建立者、传法上师及转世活佛等。最常见的有噶举派的玛尔巴、米拉日巴；萨迦派的萨迦班智达、八思巴；格鲁派的宗喀巴以及布顿大师，等等。这些祖师造像在造型上大多着藏式僧衣，结跏趺坐于莲台或长方形坐垫上。有的可从装束上识别，如藏区最早的教派宁玛派，僧众习戴红色僧帽；噶举派祖师多戴折檐式法帽；萨迦派则常戴圆筒形僧帽，格鲁派戴尖顶班智达帽等。有的可从法器上加以识别，如宗喀巴具象征文殊菩萨之智慧德行的梵箧和宝剑，帝洛巴则一手握金鱼一手持嘎巴拉碗。有的祖师可从整体形象上识别，如米拉日巴的吟诵道歌的形象，费卢波手指太阳的形象特征均极明显。

宗喀巴

铜质　鎏金　清　高16.5厘米

　　头戴班智达尖顶长耳帽。面部圆方，细眉上翘，目视前方，鼻挺宽硕，嘴角上挑，面似微笑，神态自若。内穿交领僧衣，外着袒右肩袈裟，衣角包于右肩，袈裟边缘装饰精美的缠枝莲纹。整体衣纹厚重，写实自然。双手当胸结转法轮印，各牵莲花一株于左右两肩。全跏趺坐于仰覆莲座上，莲座上缘饰一周连珠纹。

　　宗喀巴（1357—1419），生于青海湟中，是格鲁派创始人，因他倡导徒众戴黄帽，着黄衣，以别于其他教派，因此又称为黄教。宗喀巴被视为文殊菩萨的化身而受到藏传佛教诸教派最为普遍的崇奉。宗喀巴像是藏传佛教中最常见的祖师像之一。

宗喀巴

铜质　清　高10.4厘米

　　头戴班智达尖顶长耳帽。面部圆方，细眉上翘，目视前方，面似微笑，神态自若。内穿交领僧衣，外着袒右肩袈裟，衣角包于右肩，袈裟边缘装饰花纹。双手当胸结转法轮印，各牵莲花一株于左右两肩，左侧莲花上有经箧，右侧莲花上有宝剑，花茎缺失。全跏趺坐于仰覆莲座之上，莲座上缘饰一周连珠纹。整体涂泥金。

宗喀巴

铜质　鎏金　清　高11.5厘米

头戴班智达尖顶长耳帽。面部圆方，目视前方，神态自若。内穿交领僧衣，外着袒右肩袈裟，袈裟边缘装饰花纹，衣纹流畅。双手当胸结转法轮印，各牵莲花一株于左右两肩。左侧莲花上有经箧，右侧莲花上有宝剑。全跏趺坐于仰覆莲座之上，莲座上缘饰一周连珠纹。

宗喀巴

铜质　鎏金　清　高10.4厘米

　　头戴班智达尖顶长耳帽。面部圆方，双目下视，神态自若。内穿交领僧衣，外着袒右肩袈裟，衣角包住右肩，袈裟边缘装饰花纹。双手当胸结转法轮印，各牵莲花一株于左右两肩。左侧莲花上有经箧，右侧莲花上有宝剑。全跏趺坐于仰覆莲座之上，莲座上缘饰一周连珠纹。

宗喀巴

铜质　清　高10.8厘米

头戴班智达尖顶长耳帽。圆脸，双目低垂，神态自若。内穿交领僧衣，外着袒右肩袈裟，衣角包住右肩。双手当胸结转法轮印，各牵莲花一株于左右两肩。左侧莲花上有经箧，右侧莲花上有宝剑。全跏趺坐于仰覆莲座之上，莲座上缘饰一周连珠纹。

章嘉若必多吉

铜质　鎏金　清　高16.2厘米

　　头戴圆顶僧帽。面部圆方丰润，眉似弯月，双目低垂，鼻梁隆挺，双耳垂于肩上，五官轮廓清晰、匀称，神态凝重。内穿交领僧服，外着袈裟，下穿裙服。衣缘刻草叶花纹。左手结禅定印，右手结说法印。全跏趺坐于长方形藏式卡垫之上，卡垫饰精美繁缛花纹。

　　章嘉若必多吉（1717—1786），意译游戏金刚，是章嘉呼图克图第三世活佛。康熙五十六年（1717）生于甘肃凉州。雍正三年（1725）进京。雍正十二年（1734）被皇帝封为"灌顶普慧广慈大国师"。乾隆十六年（1751）赐"振兴黄教大国师"。三世章嘉若必多吉学识渊博，通晓汉、蒙、满多种文字，曾编印过不少佛教典籍，被称为"一代圣僧"。

章嘉若必多吉

铜质　鎏金　清　高15.8厘米

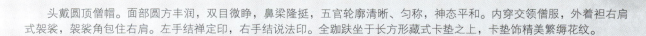

　　头戴圆顶僧帽。面部圆方丰润，双目微睁，鼻梁隆挺，五官轮廓清晰、匀称，神态平和。内穿交领僧服，外着袒右肩式袈裟，袈裟角包住右肩。左手结禅定印，右手结说法印。全跏趺坐于长方形藏式卡垫之上，卡垫饰精美繁缛花纹。

章嘉若必多吉

铜质　清　高12.3厘米

头戴圆顶僧帽。面部圆方丰润，双目微睁，鼻梁隆挺，五官轮廓清晰、匀称，神态平和。内穿交领僧服，外披袈裟。左手结禅定印，右手结说法印。全跏趺坐于长方形藏式卡垫之上，卡垫饰繁缛花纹。

章嘉若必多吉

铜质　鎏金　清　高10.8厘米

　　头戴圆顶僧帽。面部丰圆，双目微睁，鼻梁隆挺，朱唇，神态平和。内穿交领僧服，外着袒右肩式袈裟，袈裟角包住右肩。左手结禅定印，右手结说法印。全跏趺坐于长方形藏式卡垫之上，卡垫饰繁缛花纹。

祖师像

铜质　鎏金　清　高15.9厘米

光头，大耳。面部丰圆，弯眉上挑，双目微睁，鼻梁隆挺，神态平和。内穿交领僧服，外披袈裟。左手结禅定印于腹前，手中牵花茎，右手结说法印。两臂外花枝缺失。全跏趺坐于长方形藏式卡垫之上，卡垫饰精美繁缛花纹。

祖师像

铜质　清　高22.8厘米

　　光头，大耳。神态平和。内穿交领僧服，外披袈裟。左手结禅定印于腹前，右手结说法印。两臂外花枝缺失，尚存残钉。全跏趺坐于长方形藏式卡垫之上，卡垫饰繁缛花纹。

祖师像

铜质　清　高8.1厘米

光头，大耳。神态平和。内穿交领僧服，外披袈裟。左手结禅定印于腹前，右手结说法印。全跏趺坐于长方形藏式卡垫之上，卡垫饰繁缛花纹。

祖师像

铜质　清　高11.3厘米

　　头戴班智达尖顶长耳帽。双目前视，神态自若。内穿交领僧衣，外着袒右肩式袈裟，衣角包住右肩。左手于腹前结禅定印，右手当胸结说法印。全跏趺坐于藏式卡垫之上，卡垫饰精美花纹。

祖师像

铜质　清　高18.5厘米

　　头戴班智达尖顶长耳帽。双目低垂，神态自若，唇上涂朱。内穿交领僧衣，外着袒右肩式袈裟，衣角包住右肩。双手当胸结转法轮印，各牵莲花于两肩，花枝缺失。全跏趺坐于仰覆莲座之上，莲座上缘饰一周连珠纹。

祖师像

铜质　清　高17.8厘米

头戴班智达尖顶长耳帽。面部丰圆，双目微睁，神态平和。外着袒右肩式袈裟，衣角包住右肩。左手于腹前结禅定印，右手当胸前结说法印。全跏趺坐于长方形藏式卡垫之上，卡垫饰繁缛花纹。

祖师像

铜质　鎏金　清　高16.5厘米

　　平头，有发际线，大耳。双目微睁，鼻梁隆挺，神态平和。内穿交领僧服，外着袒右肩式袈裟，袈裟角包住右肩。双手于胸前结转法轮印，手中各牵花于两肩。左侧花卉上有经卷，右侧花卉上有宝剑。全跏趺坐于仰覆莲座之上，莲座上缘及莲瓣下边各饰一周连珠纹。

祖师像

铜质　鎏金　清　高33.5厘米

平头，有发际线，大耳。双目微睁下视，鼻梁隆挺，朱唇，神态平和。额头及唇下有皱纹，应是一老者形象。内穿交领僧服，外着袒右肩式袈裟，袈裟角包住右肩。双手于胸前结转法轮印，原手中各牵花于两肩，今花枝缺失。全跏趺坐于仰覆莲座之上，莲座上缘饰一周连珠纹。

祖师像

铜质　鎏金　清　高35.1厘米

　　光头，大耳。双目微睁，鼻梁隆挺，神态平和。内穿交领僧服，外着袒右肩式袈裟，袈裟角包住右肩。双手于胸前结转法轮印，原手中各牵花于两肩，今花枝缺失。全跏趺坐于仰覆莲座之上，莲座上缘饰一周连珠纹。

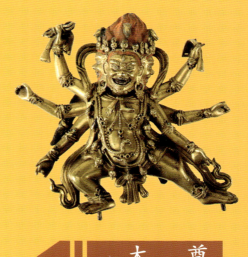

本 尊

　　本尊即密宗修行者观修的主神。印度密教约在 8 世纪中期，发展成为金刚乘密教。在藏传佛教的前弘期，密宗就经由早期至藏地的弘法者如莲花生上师等的传播而成为西藏佛教的一部分，此后，以藏地特殊的人文与宗教信仰为背景，密教日益得到重视与发展。密乘四部的每一部都有各自的精神宇宙模式，即坛城系统，这个系统有一密乘主神与一些眷属神灵组成。坛城中的主神就是人们所称的本尊神。围绕本尊神灵的眷属神相互之间只是形体和显现标志不同，实际上眷属神是一类神，并且与本尊神保持一致。每个修习密乘者都要以一位各自的本尊神作为观修的对象。宣称修行者经上师传授，做到与本尊的身、口、意"三密相应"，就能成就"即身成佛"之目的，以此修法为引，密宗本尊受到最为诚笃的崇奉，本尊之造像亦隆盛于藏地。虽然密乘有无以计数的本尊神，但基本可以分为三大类，即善相本尊如文殊菩萨、观世音菩萨、尊胜佛母等；怒相本尊如大威德金刚、金刚橛、马头金刚、金刚手等；善、恶相兼具本尊如密集金刚、胜乐金刚、喜金刚、时轮金刚等。

持金刚

铜质　鎏金　明　高10.1厘米

　　头戴五花冠，宝缯垂于耳后。葫芦形发髻。面部圆润，眉间有圆形白毫。菱形耳珰垂于两肩。上身袒露，项佩璎珞。耳珰及璎珞上嵌宝石。双手于胸前交叉，左手持金刚铃，右手持金刚杵，全跏趺坐于仰覆莲座之上。

　　持金刚，也称"金刚大持"、"秘密主"。在藏密中，金刚持被认为是释迦牟尼讲说密法时所呈现的形象，是释尊的秘密化身，故又称秘密主。其形象为宁静的菩萨相。另一种形象是双身，拥抱明妃孙那利菩萨。铃杵表示金刚部的菩萨摧毁魔敌时的智慧和"法力"。

持金刚

铜质　鎏金　清　高11.3厘米

　　头戴五叶冠。面部圆润，双目低垂。环形耳珰垂于两肩。袒上身，项佩璎珞。下穿长裙，裙边饰花纹。左手置于左腹前，所持法器缺失。右手当胸，持法器。帔帛绕于双臂，垂于体侧。全跏趺坐于仰覆莲座之上。莲座上缘及莲瓣下各饰一周连珠纹。

双身持金刚

铜质　鎏金　清　高10.4厘米

主尊头戴五叶冠，花形耳珰垂至两肩。黑眉上扬，朱唇，头微低，双眼下看拥抱在怀里的明妃。袒上身，项佩璎珞。左手持金刚铃，右手持金刚杵，双手交叉拥抱明妃。帔帛绕于两臂，下飘至体侧。全跏趺坐于仰覆莲座之上。明妃双腿围缠于主尊腰部，仰脸看主尊，左手托嘎布拉碗，右手持金刚杵。莲座上缘饰一周连珠纹，莲瓣下饰一周细小连珠纹。

双身持金刚

铜质　鎏金　清　高17.8厘米

　　主尊头戴五叶冠，宝缯于耳后呈折扇形。圆形耳珰垂至两肩。额头中间一竖眼，头微低，双眼下看拥抱在怀里的明妃。袒上身，项佩璎珞。双手交叉拥抱明妃。左右手中法器缺失。帔帛绕于两臂，下飘至体侧。全跏趺坐于仰覆莲座之上。明妃双腿围缠于主尊腰部，仰脸看主尊，左手托嘎布拉碗，右手托法器。莲座上缘饰一周连珠纹，莲瓣下饰一周细小连珠纹。

马头金刚

铜质　鎏金　清　高12.7厘米

此尊金刚为三头六臂，朱色火焰发髻，发髻正中置马头。每面头戴五骷髅冠，方脸，额中一竖眼，三目圆睁，张龇牙大口，下颔饰胡须。六臂伸举。右上手持金刚杵。项挂十三人头璎珞及盘蛇，背负一长发人躯。右三腿弓，左三腿侧伸。所踏踩之座已缺失。

马头金刚是观音众多化身中之一种化相，是助修行者降魔除障的忿怒形像。他相貌凶恶，令人毛骨悚然。此相是为利益众生而现。

马头金刚

铜质　鎏金　清　高15.8厘米

三头六臂，朱色火焰发髻，发髻正中置马头。每面头戴五骷髅冠，方圆脸，额中一竖眼，三目圆睁，张口龇牙，发、眉毛、胡须涂红色。六臂伸举。右上手持金刚杵。项挂十五人头璎珞及盘蛇。右三腿弓，左三腿侧伸。所踏踩之座已缺失。

大威德金刚

铜质　鎏金　清　高14.5厘米

此尊大威德金刚五头十八臂。五头分三层排列，皆戴五骷髅冠。下面主首为牛头，牛角粗壮，血盆大口，张牙咧嘴，怒目圆睁，鼻如牛魔。项戴人头骨大璎珞。主二臂抱明妃，手持法器。其余手伸向两侧，诸手皆持法器，寓意各不相同。腿呈左展姿站立。明妃抱于主尊，左手托血头骨碗，右手执钺刀上扬。

大威德金刚，梵语称"阎曼德迦"，藏语译为"怖畏金刚"，汉语译为"大威德明王"，俗名"牛明王"。由于此本尊威德极大，能制伏毒龙，断除诸障，特别是降伏阎罗死魔，佛经说"有伏恶之势，谓之大威；有扶善之力，谓之大德"，因此称"大威德金刚"；又由于本尊的形象为牛首人身，所以又称"牛头明王"。

大威德金刚

铜质　鎏金　清　高17.1厘米

此尊大威德金刚头分三层排列，皆戴五骷髅冠。下面主首为牛头，牛角粗大，血盆大口，张牙咧嘴，怒目圆睁，鼻如牛魔。项戴人头骨大璎珞及盘蛇。主二臂抱明妃。其余手臂缺失。腿呈左展姿站立。明妃抱于主尊，手中法器亦缺失。

四臂观音

铜质　明　高10.9厘米

头戴五叶冠，前正中花叶较大。面部圆润，双目低垂，圆形耳珰垂于两肩。袒上身，项佩璎珞。正两手合十，施礼敬印，左上手持莲花，象征他作为阿弥陀佛的法子，莲花部菩萨的身份，右上手持念珠，念珠缺失。念珠是来源于印度教主神湿婆神的法器，暗示湿婆神作为瑜伽之主的神格。全跏趺坐于仰覆莲座之上。

四臂观音

铜质　鎏金　清　高10.8厘米

　　头戴五佛花冠，佛像已经简化，头顶一佛像，缯带于耳后飘浮。面部圆润，双目低垂，朱唇。环形耳珰垂于两肩。袒上身，项佩璎珞。下穿长裙，裙边饰花纹。双臂及手腕戴环饰。正两手合十，施礼敬印，左上手持莲花，象征他作为阿弥陀佛的法子，莲花部菩萨的身份，右上手持念珠。帔帛绕于两臂，飘逸自然。全跏趺坐于仰覆莲座之上，莲座上缘饰一周连珠纹。

四臂观音

铜质　清　高15.8厘米

头戴五佛花冠已缺失，仅存半个发髻。面部圆润，双目低垂。环形耳珰垂于两肩。袒上身，项佩璎珞。下穿长裙，裙边饰花纹。双臂及手腕、脚踝戴环饰。正两手合十，施礼敬印，左上手持莲花，右上手臂缺失。全跏趺坐于仰覆莲座之上，莲座上缘饰一周连珠纹。

密修双身佛

铜质　清　高10.9厘米

　　主尊头戴五骷髅冠，缯带于耳后飘逸。圆形耳珰垂至两肩。粗眉上扬，张嘴露齿，头微低，双眼下看拥抱在怀里的明妃。袒上身，项佩璎珞。双手作托物状，手中法器缺失。帔帛绕于两臂，上飘至两肩旁。全跏趺坐于仰覆莲座之上。明妃双腿围缠于主尊腰部，仰脸看主尊，左手托嘎布拉碗，右手托法器。莲座上缘饰一周连珠纹。

尊胜佛母

铜质　鎏金　清　高16.1厘米

头戴五叶花冠，三面八臂。高发髻，宝珠顶严。面部丰腴，细眉上挑，每面额中又生一眼。鼻高挺，小口朱唇。圆形耳珰垂于肩部。袒上身，项戴璎珞，肩披花叶式披肩。下穿长裙。双臂、腕及脚踝均有珠饰。正两手于胸前，左手拇指与食指相捏，右手自然伸开；下两手左手结禅定印，右手施与愿印；中两手旁伸；上两手上举，均作持或托法器状，法器缺失。全跏趺坐于仰覆莲座之上，莲座上缘饰一周连珠纹。

尊胜佛母

铜质　鎏金　清　高10.7厘米

头戴五叶花冠，三面八臂。高发髻。面部圆润，弯眉，双目低垂，每面额中又生一眼。鼻高挺，小口紧闭。环形耳珰
垂于肩部。袒上身，项戴璎珞，肩披花叶式披肩。下穿长裙，裙边饰花纹。双臂、腕及脚踝均有环饰。正两手于胸前，左
手持法器，右手托法器；下两手左手结禅定印，右手施与愿印；中两手旁伸；上两手上举，右手托阿弥陀佛，左手作持法
器状，法器缺失。全跏趺坐于仰覆莲座之上，莲座上缘饰一周连珠纹。

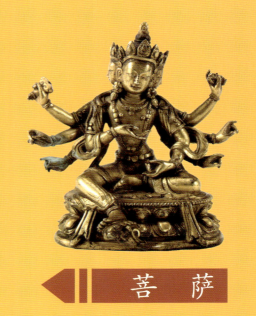

菩 萨

　　在藏传佛教中，对菩萨的信仰非常普遍。常见的菩萨像有观音菩萨、文殊菩萨、弥勒菩萨、金刚手菩萨、八大菩萨、龙女等。汉地佛教中最受尊奉的是观音、文殊、普贤、地藏四大菩萨，在藏传佛教中则以对观音、文殊和弥勒菩萨的崇拜最为普遍。这些菩萨像看似与汉地信仰相差无几，实则区别显著。首先，在信仰的原因和目的上汉藏就有明显区别，藏地的信仰与各大菩萨所代表的佛学思想密切相关，而汉地的信仰则常杂有一些世俗情感的倾向。其次，在造型姿势上汉藏的区别更为突出，比较而言，藏传佛教每种菩萨的造型要复杂一些，样式要多一些，而且在造型姿势上都特别讲究。藏传佛教菩萨形象的多种变化是藏传佛教将各菩萨的宗教功用进行更加具体而细微的分化的结果。

文殊菩萨

铜质　元　高9.4厘米

头戴五叶冠，塔式发髻。方圆脸，尖下颌，浓眉大眼，眉间置白毫。环形耳珰垂至两肩。袒上身，颈戴项圈。左腿盘曲，右腿支立，坐于仰覆莲座之上。左手按于身侧，手中托莲花，花上有经书；右手小臂搭于右膝上，手中握法器。双臂、腕、脚踝均戴环饰。身后以莲花作背饰。

文殊菩萨

铜质　清　高32.8厘米

　　头戴五叶花冠，葫芦形发髻，缯带飘肩上。圆形耳珰垂至肩上。袒上身，项佩璎珞。下穿长裙。左手当胸，拇指与食指相捏，右手旁伸，作握剑状。手中法器缺失。帔帛绕经双臂垂于莲座前。全跏趺坐于仰覆莲座之上，莲座上缘饰一周连珠纹。

文殊菩萨

铜质　清　高13.8厘米

头戴五叶冠，葫芦形发髻，脸稍长，双目低垂，高鼻，小口，耳珰缺失。袒上身，项佩璎珞。肩饰披肩。帔帛绕经两臂垂于体侧。下穿长裙，全跏趺坐于仰覆莲座之上。右手旁举持剑，剑身缺失，仅存剑柄。左手当胸，拇指与食指相捏。臂旁莲花缺失。

文殊菩萨

铜质　清　高14.3厘米

　　头戴五叶冠。长脸，双目下垂，高鼻小口。圆形耳珰垂于两肩。袒上身，项佩璎珞，细腰。肩饰披肩。帔帛绕经两臂垂于体侧。下穿长裙，全跏趺坐于仰覆莲座之上。右手旁举持剑，剑身缺失，仅存剑柄。左手当胸，拇指与食指相捏。左臂旁饰莲花，莲花上置经书。造像残留泥金。

文殊菩萨

铜质　清　高14.9厘米

　　头戴五叶冠，缯带飘于耳后。葫芦形发髻。面部圆润，双目微睁，鼻挺，朱唇。圆形耳珰垂于两肩。袒上身，项佩璎珞。肩饰披肩。帔帛绕经两臂垂于体侧。下穿长裙，全跏趺坐于仰覆莲座之上。右手旁举持剑，剑身缺失，仅存剑柄。左手当胸，拇指与食指相捻。臂旁莲花缺失。

文殊菩萨

铜质　清　高10.2厘米

　　头戴五叶冠，缯带飘于耳后。面部圆润，双目低垂，圆形耳珰垂于两肩。袒上身，项佩璎珞。肩饰披肩。帔帛绕经两臂垂于体侧。下穿长裙，全跏趺坐于仰覆莲座之上。右手旁举持剑，剑身缺失，仅存剑柄。左手当胸，拇指与食指相捏，牵莲花于肩旁，莲花上置经书。

文殊菩萨

铜质 清 高10厘米

头戴五叶冠，缯带飘于耳后。面部圆润，双目低垂。圆形耳珰垂于两肩。袒上身，项佩璎珞。肩饰披肩。帔帛绕经两臂垂于体侧。下穿长裙，全跏趺坐于仰覆莲座之上。右手旁举持剑，剑身缺失，仅存剑柄。左手当胸，拇指与食指相捏，牵莲花于肩旁，花茎缺失，莲花上置经书。

八臂文殊

铜质　鎏金　清　高11.6厘米

　　三面八臂，头戴五叶宝冠，发髻高耸。面部圆方丰满，细眉高挑，花式耳珰垂于两肩。袒上身，项佩璎珞。正左手拇指与中指相捏，正右手作托物状。其余六手旁伸，除上两手尚存法器外，其余法器均缺失。各手臂、腕、脚踝均戴环饰。帔帛绕经两臂垂至莲座前。左腿盘曲，右腿前伸脚踩莲台。坐于仰覆莲座之上。

弥勒菩萨

铜质　鎏金　清　高22.9厘米

头戴五叶宝冠，塔式发髻，宝珠顶严。面部圆润，双眉上挑，眉宇嵌白毫，双目低垂，鼻梁高挺，小口朱唇。着袒右肩式袈裟，其上饰精美繁缛花纹，嵌花瓣珠宝。下穿长裙。双手当胸结说法印。跣足坐于束腰式须弥座上。须弥座装饰精美花纹。双臂两侧莲枝缺失。

菩萨立像

铜质　清　高26.8厘米

头戴五叶花冠，缯带飘逸，葫芦形发髻。面部圆润，眉清目秀，小口朱唇。花式圆形耳珰垂于肩部。袒上身，项佩璎珞。下穿长裙，薄质感很强，腿形清晰可见。左手置于大腿旁，拇指与食指相捏。右手当胸，拇指与食指相捏。帔帛绕经双臂飘至体侧。跣足站立。除发髻和披肩外，整体涂泥金。

菩萨立像

铜质 鎏金 清 高26.8厘米

头戴五叶花冠，葫芦形发髻。面部圆润，双目低垂。袒上身，细腰，项佩璎珞。下穿双层裙，薄质感很强，腿形清晰可见。腰部垂珠饰。左手置于大腿旁，拇指与食指相捏，右手当胸，拇指与食指相捏，各牵花于两肩。帔帛绕经双臂飘至体侧。跣足站立于单层覆莲台座之上。

千手观音

铜质　清　高16.5厘米

　　十一面。头分五层，下三层每层三面，上面二层每层一面。头戴五叶冠，面部圆丰，双目下视，朱唇，嘴角上挑。袒上身，项佩璎珞。下穿长裙，柔软薄质感很强，腿形清晰可见。跣足站立。足下有插柱。前面八臂较大，正两臂双手合十，其余六臂分别下垂、侧伸、上举，仅右上臂手中念珠尚存，其余手中法器皆缺失。身后安插对称的两个扇形背光，有32只稍大手臂，每手心有一眼，其后是无数只小手，象征千手千眼。整体涂泥金。足下座缺失。

千手观音

铜质　鎏金　清　高22.5厘米

十一面。头分五层，下三层每层三面，上二层每层一面。头戴五叶冠，环形耳垱垂于两肩。面部圆丰，双目下视，嘴角上挑。袒上身，项佩璎珞。下穿双层裙，柔软薄质感很强，腿形清晰可见。跣足站立。八臂。正中两臂双手合十，其余六臂分别下垂、侧伸、上举，仅右上臂手中念珠及左上臂手中莲花、左下臂手中法器尚存，余皆缺失，身后背光的扇形千手插件亦缺失。

十一面观音

铜质 鎏金 清 高16.6厘米

十一面。头分五层，下三层每层三面，上二层每层一面。头戴五叶冠，圆形耳珰垂于两肩。细眉上挑，双目下视，鼻梁高挺。袒上身，项佩璎珞。下穿长裙。跣足站立在单层覆莲座上。帔帛绕经双臂飘于体侧。八臂。正中两臂双手合十，其余六臂分别下垂、侧伸、上举，仅右上手中尚存法器，余皆缺失。

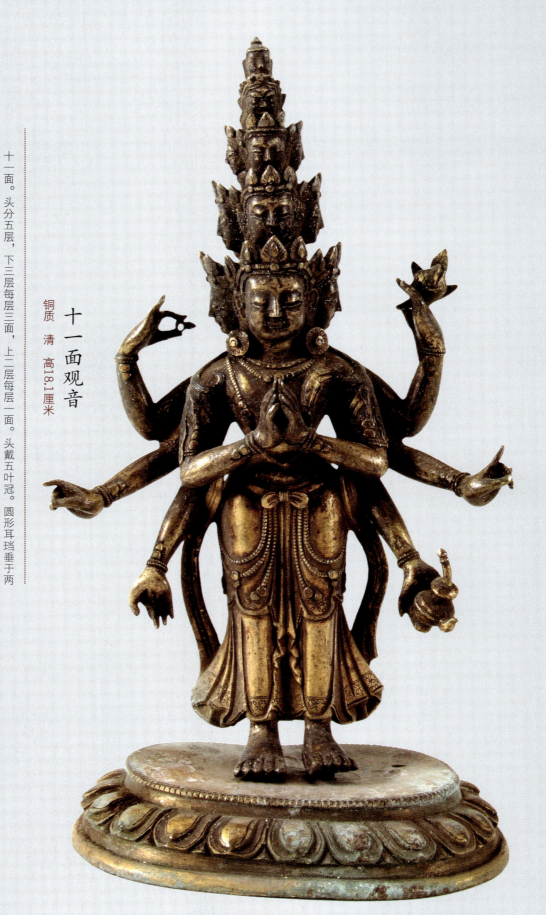

十一面观音

铜质　清　高18.1厘米

十一面。头分五层，下三层每层三面，上二层每层一面。头戴五叶冠。圆形耳珰垂于两肩。细眉弯曲，双目低垂。袒上身，项佩璎珞，肩饰披肩。下穿长裙，衣纹流畅，腿形清晰可见。跣足站立于单层覆莲座上。八臂。正中两臂双手合十，其余六臂分别下垂、侧伸、上举，左上手持莲花，左下手托宝瓶，右上上手捏念珠，其余手中法器缺失。

十一面观音

铜质　鎏金　清　高21.6厘米

十一面。头分五层，下三层每层三面，上二层每层一面。头戴五叶冠。黑眉，双目低垂，鼻高挺直，小口朱唇。环形
耳珰垂于两肩。袒上身，项佩璎珞，肩饰披肩。下穿长裙。跣足站立。八臂。正面两臂双手合十。其余六臂向两侧分开，
左上手拿莲花，左下手托宝瓶，右上手捏念珠，其余手中法器缺失。足下有插柱，莲座缺失。

十一面观音

铜质 鎏金 清 高22.7厘米

十一面。头分五层，下三层每层三面，上二层每层一面。头戴五叶冠。弯眉上挑，双目低垂，鼻高挺直，双唇涂朱。圆形耳珰垂于两肩。袒上身，项佩璎珞，肩饰披肩。下穿长裙。跣足站立。帔帛绕经两臂飘垂于体侧。八臂。正面两臂双手合十。其余六臂向两侧分开，左上手拿莲花，左中手缺失，左下手托宝瓶，右上手捏念珠，其余手中法器缺失。足下有插柱，莲座缺失。

十一面观音

铜质　鎏金　清　高16厘米

　　十一面。头分五层，下三层每层三面，上二层每层一面。头戴五叶冠。双目低垂，鼻高挺直，嘴角上翘。花形耳珰垂于两肩。袒上身，项佩璎珞，肩饰披肩。下穿长裙。跣足站立。帔帛绕经两臂飘垂于体侧。八臂。正面两臂双手合十。其余六臂向两侧分开，左上手拿莲花，左下手托宝瓶，右上手捏念珠，其余手中法器均缺失。

十一面观音

铜质 清 高32.9厘米

十一面。头分五层，下三层每层三面，上二层每层一面。头戴五叶冠。细眉上挑，双目低垂，神态平和。圆形耳珰垂于两肩。袒上身，项佩璎珞，肩饰披肩。下穿长裙。跣足站立于单层覆莲座上。帔帛绕经两臂飘垂于体侧。八臂。正面两臂双手合十。其余六臂向两侧分开，仅右上手中捏念珠，其余手中法器均缺失。

十一面观音

铜质 鎏金 清 高22.5厘米

十一面。头分五层，下三层每层三面，上二层每层一面。头戴五叶冠。细眉上挑，双目微睁，嘴角上翘。环形耳珰垂于两肩。袒上身，项佩璎珞，肩饰披肩。下穿双层裙。跣足站立。右上手中捏念珠，左上手持莲花，其余手中法器均缺失。八臂。正面两臂双手合十。其余六臂向两侧分开，右上手中捏念珠，左上手持莲花，其余手法器均缺失。帔帛绕经两臂飘垂于体侧。

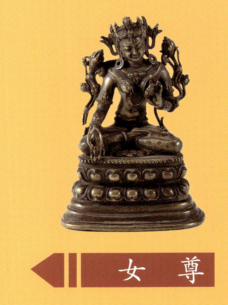

女 尊

　　女尊是藏传佛教中特有的女性神祇，包括佛母和度母。佛母是在密教中能产生诸佛、诸菩萨的教义，将之实言神格化，称为佛母、佛母尊。如般若波罗蜜能生诸佛，并给予诸佛一切智，有示现世间相之作用，故将之神格化，称为佛眼佛母。藏地常见的佛母主要有大随求佛母、般若佛母以及叶衣佛母、智行佛母、作明佛母等。西藏造像最多见的还是度母的形象。度母是"圣救度佛母"的简称，亦称"救度母"。藏文音译"卓玛"。汉文佛经中多称为"多罗菩萨"，系梵文 Tara 的音译，是观世音菩萨为救度人间众生的众多灾难而示现的化身。经文中说修持者能消灾、增福、延寿、开慧，有求必应，命终往生极乐世界。

　　佛母的形象多为寂静之善相，而且都是女性形象。《造像量度经》规定其形象为："其像作十六岁童女相"、"面形如芝麻"、"衣服庄严同菩萨像"。我们所见到的佛母像也都是女性特征十分明显的形象，秀发纷披，削肩蜂腰，隆乳丰臀，身体多呈三折枝式，极具女性身形之柔美。佛母像以其曼妙多姿的女性特征不仅丰富了藏传佛教造像艺术形式，同时也极大地增添了藏传佛教艺术的神秘色彩，是藏传佛教中最为生动的艺术形象之一。

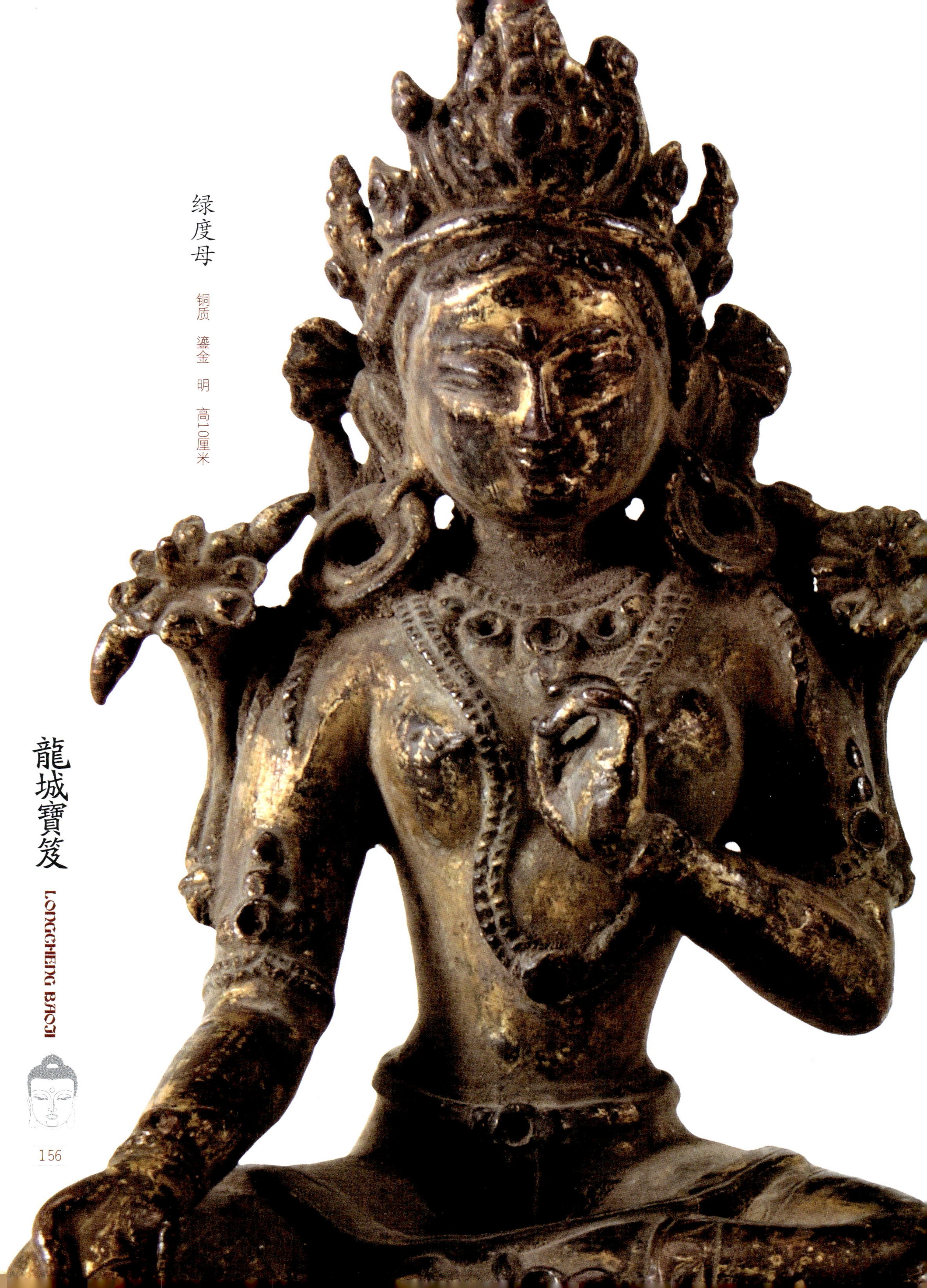

绿度母

铜质 鎏金 明 高10厘米

龍城寶笈

绿度母因身体为绿色而得名，为观世音菩萨的化身。度母，梵名Tara，全称圣『救度佛母』，我国古代称多罗菩萨、多罗观音，共有二十一尊，皆为观世音菩萨之化身。绿度母即二十一尊度母之一，是所有度母中最活跃、最重要者，也被称为『一切度母之源』。

此尊为少女相，神态慈祥。头戴宝冠，宝缯结于耳后，环形耳珰垂于肩部。袒上身，项佩璎珞。下身着裙，坐于仰覆莲座之上，左腿盘曲，右腿屈伸，足踏小莲台。右手心向外置于右膝上，施与愿印，左手置于胸前，作牵花状，花茎缺失，莲花开于左右肩上。

绿度母

铜质　明　高12.8厘米

头戴宝冠，缯带飘于颈后。袒上身，项佩璎珞，下身着裙。左手当胸，拇指与中指、无名指相捏。右手手心向外，拇指与食指相捏，置于右膝前。双手应牵花茎，花茎缺失，莲花置于两臂旁。左腿盘曲，右腿屈伸呈踩踏状。坐于仰覆莲座上。双臂、手腕、脚踝饰环钏。

绿度母

铜质　鎏金　清　高16.4厘米

头戴宝冠，高束发髻。项佩璎珞，袒上身，下身着裙。左手当胸，拇指与中指、无名指相捏。右手手心向外，置于右膝前，施与愿印。左腿盘曲，右腿伸出脚踩莲台。双臂、手腕、腿部饰环钏。下承仰覆莲座。

绿度母

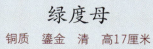

铜质　鎏金　清　高17厘米

头戴五叶花冠，圆形耳珰垂于两肩。面部圆润，细眉，双目微睁。袒上身，项佩璎珞，肩饰披肩，下身着裙。左手当胸，拇指与中指、无名指相捏，牵莲花于肩旁，莲花缺失。右手手心向外，置于右膝前，施与愿印。左腿盘曲，右腿屈伸脚踩莲台。双臂、手腕、脚踝饰环钏。下承仰覆莲座。

绿度母

铜质　鎏金　清　高17.3厘米

头戴五叶花冠，高束发髻，缯带于肩上飘浮。花式耳珰垂于两肩。面部圆润，细眉上挑，双目微睁下视。袒上身，项佩璎珞，肩饰披肩，下身着裙。左手当胸，拇指与无名指相捻，牵莲花于肩旁。右手手心向外，置于右膝前，施与愿印。左腿盘曲，右腿屈伸脚踩莲台。双臂、手腕、脚踝饰环钏。下承仰覆莲座。

绿度母

铜质　鎏金　清　高17.3厘米

　　头戴五叶花冠，葫芦形发髻。圆形耳珰垂于两肩。面部圆润，双目微睁，高鼻小口。袒上身，项佩璎珞，肩饰披肩，下身着裙。左手当胸，拇指与无名指相捏，肩旁莲花缺失。右手手心向外，置于右膝前，施与愿印。左腿盘曲，右腿屈伸脚踩莲台。双臂、手腕、脚踝饰环钏。下承仰覆莲座。

绿度母

铜质　鎏金　清　高10.2厘米

　　头戴五叶花冠。圆形耳珰垂于两肩。面部圆润，神态平和。袒上身，项佩璎珞，肩饰披肩，下身着裙。左手当胸，牵莲花于左肩旁。右手手心向外，置于右膝前，施与愿印，牵莲花于右肩旁。左腿盘曲，右腿屈伸脚踩莲台。双臂、手腕、脚踝饰环钏。下承仰覆莲座。

绿度母

铜质　清　高17.2厘米

头戴五叶花冠，高发髻。圆形耳珰垂于两肩。面部圆润，神态平和。袒上身，项佩璎珞，肩饰披肩，下身着裙。左手当胸，牵莲花于左肩旁，莲花缺失。右手手心向外，置于右膝前，施与愿印，牵莲花于右肩旁，莲花缺失。左腿盘曲，右腿屈伸脚踩莲台。双臂、手腕、脚踝饰环钏。下承仰覆莲座。

绿度母

铜质 鎏金 清 高10厘米

头戴五叶花冠，缯带于两肩上飘浮，葫芦形高发髻。圆形耳珰垂于两肩。面部圆润，细眉朱唇，神态平和。袒上身，项佩璎珞，肩饰披肩，下身着裙。左手当胸，牵莲花于左肩旁，莲花缺失。右手手心向外，置于右膝前，施与愿印，牵莲花于右肩旁，莲花缺失。左腿盘曲，右腿屈伸脚踩莲台。双臂、手腕、脚踝饰环钏。下承仰覆莲座。

头戴五叶花冠，宝缯结于耳后，葫芦形高发髻。环形耳珰垂于两肩。面部圆润，双目微睁，神态平和。袒上身，项佩璎珞，肩饰披肩，下身着裙。左手当胸，牵莲花于左肩旁。右手手心向外，置于右膝前，施与愿印。左腿盘曲，右腿屈伸脚踩莲台。双臂、手腕、脚踝饰环钏。面及躯体部分施泥金。下承仰覆莲座。

铜质　清　高17.8厘米

绿度母

绿度母

铜质　鎏金　清　高16.4厘米

头戴五叶花冠。圆形耳珰垂于两肩。面部圆润，双目微睁，神态平和。袒上身，项佩璎珞，肩饰披肩，下身着裙。左手当胸，牵莲花于左肩旁。右手手心向外，置于右膝前，施与愿印，牵莲花于右肩旁。左腿盘曲，右腿屈伸脚踩莲台。双臂、手腕、脚踝饰环钏。下承仰覆莲座。

绿度母

铜质　鎏金　清　高17.3厘米

头戴五叶花冠，葫芦形高发髻。圆形耳珰垂于两肩。面部圆润，双目低垂，神态平和。袒上身，项佩璎珞，肩饰披肩，下身着裙。左手当胸，牵莲花于左肩旁。右手手心向外，置于右膝前，施与愿印。左腿盘曲，右腿屈伸脚踩莲台。双臂、手腕、脚踝饰环钏。下承仰覆莲座。

绿度母

铜质　清　高10.1厘米

头戴五叶冠。圆形耳珰垂二两肩。双目微睁，神态平和。袒上身，项佩璎珞，肩饰披肩，细腰，下身着裙。左手当胸，牵莲花于左肩旁。右手手心向外，置于右膝前，施与愿印，牵莲花与右肩旁。左腿盘曲，右腿屈伸脚踩莲台。双臂、手腕、脚踝饰环钏。下承仰覆莲座。

绿度母

铜质　清　高9.5厘米

头戴五叶冠，葫芦形高发髻。圆形耳珰垂于两肩。小脸，双目微睁，神态平和。袒上身，项佩佛珠，肩饰披肩，下身着裙。左手当胸，牵莲花于左肩旁。右手手心向外，置于右膝前，施与愿印，牵莲花与右肩旁。左腿盘曲，右腿屈伸脚踩莲台。双臂、手腕饰环钏。下承仰覆莲座。

铜质　清　高14.3厘米

白度母

白度母，因白色身而得名。由于她的面部有三只眼睛，手心和脚心另各有两只眼睛，也称为「七眼佛母」。据传说，白度母是从观音菩萨的右眼所生，绿度母是左眼所生。白度母持白莲花，绿度母持乌巴拉花。白莲花是白天开放，晚上合拢；乌巴拉花是白天合拢，晚上开放，二者象征日夜观照世间众生，随时求助。白度母象征纯洁无瑕，佛教智慧的本质，同时也是长寿之星。

此尊白度母一面三目二臂，面涂泥金。头戴宝冠，项佩璎珞，下身着裙。左手当胸，拇指与无名指相捏，牵莲花一株，莲茎缺失。右手手心向外，置于右膝前，施与愿印，牵莲花一株。莲花开于两臂旁。双臂、双腕饰环钏。结跏趺坐，下承仰覆莲座。

白度母

铜质　清　高12.4厘米

一面三目二臂。头戴宝冠，环形耳铛于两肩上。袒上身，项佩璎珞，下身着裙，裙饰珠点团花，并涂红、蓝色彩。左手当胸，拇指与中指相捏。右手手心向外，置于右膝前，施与愿印。左右两臂旁各树一株莲花。双臂、手腕饰环钏。手心、脚心各有一眼。结跏趺坐于仰覆莲座之上。

白度母

铜质　鎏金　清　高17.9厘米

　　一面三目二臂，头戴宝冠，宝珠顶严，缯带于两耳畔飘浮。袒上身，项佩璎珞，下身着裙。帔帛绕于两臂飘垂于体侧。左手当胸，拇指与中指、无名指相捏，手心向内。右手手心向下，自然伸开，置于右膝上。双臂、手腕、脚踝饰环钏。结跏趺坐于仰覆莲座之上。

白度母

铜质　鎏金　清　高12.8厘米

　　一面三目二臂，头戴五叶宝冠，葫芦形发髻。圆形耳珰垂于两肩，缯带飘于耳后。袒上身，项佩璎珞，下身着裙。左手当胸，牵莲花于左臂旁。右手手心向前，拇指与无名指相捏，置于右膝上，牵莲花于右臂旁。双臂、手腕、脚踝饰环钏。结跏趺坐于仰覆莲座之上。

白度母

铜质　鎏金　清　高10.3厘米

　　一面三目二臂。头戴宝冠，圆形耳珰垂于两肩，缯带飘于耳后。项佩璎珞，下身着裙。左手当胸，拇指与无名指相捏，牵莲花。右手手心向前，施与愿印，牵莲花，置于右膝上。左右莲花均缺失。双臂、手腕、脚踝饰环钏。结跏趺坐于仰覆莲座之上。

财续佛母

铜质 鎏金 清 高11.5厘米

财续佛母藏名为nor rgyun ma，汉译亦译作"增禄天母"、"财续天母"等。

财续母之"财"意，是因其掌世间之财富，为五路财神之母也，是二十一度母之一。依据传承不同，财续佛母化现也不尽相同，有一面二臂和三面六臂形象，有时也与财神呈双身双运的形象同时出现。

此尊财续佛母头戴花式联珠宝冠，圆环形耳珰垂于两肩，宝缯于耳后束成花结。圆脸，双目左下视，神态庄严宁静。袒上身，项佩璎珞珠宝。左臂前曲，牵花一株于臂旁。右手托宝瓶置于右膝上。下穿长裙，裙上錾满花纹。双臂、腕及脚踝均佩戴珠饰。躯体呈三折姿舒坐于仰覆莲座之上。

财续佛母

铜质　清　高16.4厘米

　　一面二臂。头戴宝冠，葫芦形发髻。袒上身，项佩璎珞。右手持能满足一切心愿之果，左手牵邬婆罗花，花梗延臂而开敷于左肩。结跏趺坐，下承仰覆莲座。

大白伞盖佛母

铜质　鎏金　清　高17.6厘米

三面八臂，每面额中一竖眼。头戴五叶冠，面部丰圆，双目微睁，朱唇。袒上身，项佩璎珞，肩饰披肩。两正手当胸，拇指与中指、无名指相捏。其余六手向体旁伸出。仅右上手持金刚杵尚存，其余手中法器缺失。冠饰、璎珞、臂、腕、脚踝所戴环饰均镶嵌宝石，部分缺失。

妙音佛母

铜质　鎏金　清　高10.3厘米

　　头戴五叶冠，环形耳珰垂于两肩。面部圆润，双目微睁前视，小口朱唇，神态平和。袒上身，项佩项圈、璎珞。帔帛绕经双臂下垂于体侧。双手作弹奏琵琶状。手中法器缺失。下穿形体横纹裤，两小腿交叉盘坐于仰覆莲座之上。妙音佛母，也称"妙音天女"，是一位示现女相的智慧本尊。

四臂般若佛母

铜质　鎏金　清　高17.9厘米

　　一面四臂。头戴五叶冠，葫芦形高发髻，宝珠顶严。圆形耳珰垂于两肩。面部圆润，双目微睁，神态平和。袒上身，项佩佛珠。前两正手左手拇指与中指相捏，置于足上。右手拇指与中指相捏置于胸前。两侧臂向上回曲，左手拇指与中指相捏，右手残缺。帔帛绕经前两臂垂于体侧。下着长裙，全跏趺坐于仰覆莲座之上。

叶衣佛母

铜质　清　高18.9厘米

头戴五叶冠，葫芦形高发髻。圆形耳珰垂于两肩。面部圆润，细眉上挑，双目微睁，小口朱唇，神态平和。袒上身，项佩璎珞，肩饰披肩。帔帛绕于两臂下垂于倾侧。左手兰花指置于腹前。右手当胸，拇指与中指、无名指相捏。下穿长裙，全跏趺坐于仰覆莲座之上。

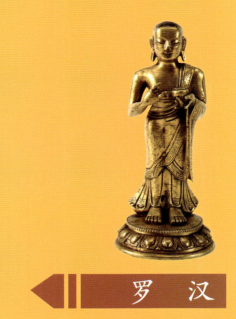

罗 汉

　　在藏传佛教中，罗汉信仰占有重要地位。藏传佛教崇奉的罗汉有十大弟子、十六尊者和十八罗汉。十大弟子常见的主要是迦叶、阿难和舍利弗(舍利子)、目犍连两组，常作为释迦牟尼佛的胁侍出现。十六尊者是十六位受释迦牟尼佛嘱咐住世不入涅槃的十六位已证得阿罗汉果的佛弟子。十八罗汉是在十六尊者的基础上加上羯磨札拉和布袋和尚而构成的。其中历史上最流行的是十八罗汉的信仰形式。藏传佛教中的十六罗汉源自汉地，唐代玄奘法师翻译的《大阿罗汉难提密多罗所说法住记》中曾一一列出。汉地所传十六尊者经典记载简略，一般只提到尊者名号、居地和眷属；藏传经典记载则十分详尽，包括尊者由凡人经过修道而证悟真理，并体达果位、智慧、解脱乃至弘法的全部经历，以及居地、眷属、形貌、姿势等内容。在藏传佛教中十六罗汉的次序与汉传佛教中的不同，但形象均作出家比丘相，面貌各异，个性色彩强烈。汉地所传十六尊者形象特征都不明显，具有较大随意性；而藏传十六尊者形象特征都非常清楚，几乎每一尊者都有显示其宗教功用的形象标识。藏传十八罗汉崇奉开始于十六七世纪，晚于汉地，应是受到了汉地十八罗汉信仰的影响。通过比较汉藏所奉十八罗汉的差异，我们从中不难窥见汉藏两地继承和发展印度佛教所采取的不同态度和体现出来的不同宗教文化风貌，以及汉藏佛教之间相互交流和影响的情形。

迦叶尊者

铜质 鎏金 清 高14厘米

迦叶尊者即摩诃迦叶，梵文转写：Mahākāśyapa。因梵文中「摩诃」解作「大」，故又名「大迦叶」。为佛陀十大弟子之一，禅宗第一代祖师。

据佛教典籍记载，迦叶尊者出生在古印度摩揭陀国王舍城的一个婆罗门家庭，他8岁起，依婆罗门教规定，从师学习祭祀、书画、算术、文学、五明、四吠陀、音乐歌舞、天文、气象等知识，由于他聪明过人，所学知识，莫不精通。迦叶幼时与一般儿童不同，喜离群独居，厌恶情欲。后来跟随释迦牟尼出家学佛，成为释迦牟尼的十大弟子之一。他在释迦牟尼的弟子中年龄比较大，所以成为众弟子之首。释迦牟尼圆寂后，迦叶尊者召集各地佛教僧团的长老，主持了历史上的第一次佛经会诵，使得释迦牟尼所说的经典能够准确地保存下来，在后来形成佛经流传，这就是佛教史上著名的第一次结集。由此迦叶尊者被公认为释迦牟尼的教法的继承人。

在佛教寺院中由释迦牟尼、迦叶和阿难组成的「一佛二弟子」群像中，迦叶尊者的特征是面容苍老，光头，额头上有额纹。

舍利子

铜质　鎏金　清　高12.8厘米

梵文Sariputra的音译，或作鹙鹭子、舍利弗。释迦牟尼的十大弟子之一，是最受佛陀信任的首座弟子，号称『智慧第一』，在僧团中备受尊敬。出身婆罗门家庭，父亲是当时很有名的论师。舍利弗8岁的时候便升上论师宝座，语惊四座，受到诸大论师的佩服及国王的赞叹欢喜。

此尊舍利子像，身披袒右肩袈裟，下着长裙。左手托钵于胸前，右手轻扶钵腹。跣足站立于单层覆莲座上。

舍利子

铜质　鎏金　清　高15.8厘米

身披袈裟，袒右肩，下着长裙。左手托钵于胸前，右手作期克印。跣足站立于单层覆莲座上。

舍利子

铜质　鎏金　清　高12.8厘米

身披袈裟，袒右肩，下着长裙。左手托钵于胸前，右手轻扶钵口，跣足站立于单层覆莲座上。

舍利子

铜质　鎏金　清　高13.5厘米

黑发。身披袈裟，袒右肩，下着长裙。左手托钵于胸前，右手作期克印，跣足站立于单层覆莲座上。

舍利子

铜质　鎏金　清　高15.7厘米

身披袈裟，袒右肩，下着长裙。左手托钵于腹前，右手作握物状置于右胸前。跣足。足下莲座缺失。

空行护法

空行本是印度地方性神灵，后来为密教收纳，成为印度金刚乘成就者的重要守护。在性别上，空行包括男女两种，男性称为勇士，女性称为空行母。在等级上，空行也分为两类：一类是世间空行，或称业力空行；一类是出世间空行，或称智慧空行。世间空行主要起护持佛法的作用，而出世间空行可以作为众生修行依止的对象。护法神的形象大体上可以分为善相和怒相两类。善相护法神多为美丽的女性形象，象征和平与宁静；造型也比较简单，一般是一面二臂的坐姿形式，如长寿五仙女等。怒相护法神形象要复杂得多，有多面多手的不同造型，有坐立飞舞等不同姿势，有红黄蓝白等不同颜色，有猪狗牛羊等不同坐骑，另外还有手印、执物、衣饰等复杂变化。护法神中多为此类奇形怪状、变化无定的忿怒形象。

在藏传佛教中，以空行母最多见，这是一种特殊的女性护法神祇，具备着神灵与世人的双重特质，主要起护持佛法的作用，一般戴骷髅冠，隆乳细腰，手持法器，舞立姿。造型是各类神像中最富动感的一种。以狮面空行母、熊面空行母、虎面空行母等为最常见。

藏传佛教中的护法神是非常庞杂的，除了汉地佛教中天部的四天王和韦陀的形象较为常见以外，更多的来源于印度的婆罗门教、印度教和西藏的苯教。按功能分类，可有大黑护法、财宝护法、天部护法和金刚护法等四大类。大黑护法也称大黑天，梵名玛哈嘎拉，实际为一组七十五尊大黑护法之总称。属于财宝护法的是多闻天及布禄金刚，多闻天的造型与汉地佛教中的形象接近，布禄金刚按颜色简称为黄、白、黑、绿、红五色财神。吉祥天母崇拜亦源于印度，约于15世纪中叶时，她被格鲁派推奉为女性护法之首。更多的金刚护法神则多显现威猛愤怒的面容，手持法器，护卫佛法及众生。

六臂大黑天

铜质　清　高15.3厘米

　　大黑天（Mahākāla），又意译为大黑、大时、大黑神或大黑天神等，或直接音译为摩诃迦罗、莫诃哥罗、玛哈嘎拉等名称。该神本是婆罗门教湿婆（即大自在天）的变身，后为佛教吸收而成为佛教的护法神。在藏密中，他既是护法神，同时也是密宗修法所依止的重要本尊。藏传佛教认为大黑天是毗卢遮那佛（或称为大日如来）降魔时呈现出的忿怒相。有六臂、四臂、二臂玛哈嘎拉三种。六臂玛哈嘎拉是香巴噶举派护法神，亦是格鲁派的护法神。

　　此尊六臂大黑天头戴五骷髅冠，项挂象征50人头骨大念珠，身缚多蛇，且头以蛇束发，颈挂一花蛇，自上垂下，盘结于两腿间。手腕、踝骨亦缠蛇。六手中，中间两手置胸前，左手托人骨碗，右手握月形刀。其余四手分开：上右手拿人骨念珠，左手持三叉戟；下右手持手鼓，左手拿索及钩。呈站立姿。右腿屈，左腿伸，两足踩在象头天神的胸腿上。象头天神是北方的财神，呈仰卧式，头向后，右手拿人骨碗，左手拿萝卜和一袋饼。据说这位天神原很残暴，被大黑天降伏后，便用这种姿势侍候他。象头天神下承单层覆莲座。大黑天及象头天神涂泥金。

六臂大黑天

铜质　清　15.4厘米

　　此尊六臂大黑天头戴五骷髅冠，火焰发，火焰眉。项挂象征50人头骨大念珠，身缚多蛇，且头以蛇束发，颈挂一蛇，自上垂下，盘结于胯下。手腕、踝骨亦缠蛇。他的6只手都持有物，中间两手置胸前，左手托人骨碗，右手握月形刀，刀上部为金刚杵。其余四手分开：上右手拿人骨念珠，左手持物不明；下右手执手鼓，左手法器缺失。呈右弓步站立姿势。面部涂泥金。

龙女

铜质　清　高5.9厘米

龙女，是传说佛教护法神「二十诸天」中第十九天之婆竭罗龙王的女儿，聪明伶俐，8岁时偶听文殊菩萨在龙宫说《法华经》，豁然觉悟，通达佛法，发菩提心，遂去灵鹫山礼拜佛陀，以龙身成就佛道。

此尊龙女头戴五叶冠，项戴璎珞，下着裙，双手当胸托宝瓶。左腿盘曲，右腿曲膝支立。下承束腰鼓形莲座。

空行母，梵文音译为『荼吉尼』（DAKINI），意为『在空中行走之人』。空行母是一种女性神祇，她有大力，可于空中飞行，故名。在藏传佛教的密宗中，空行母是代表智慧与慈悲的女神。空行母有很多种类，有俱生、刹生、业生『三身』之说。根据其形貌，通常可分为人形与兽面空行母两大类。根据其愿力和特质，有些可作本尊，有些可作护法。也可分为出世间空行母和世间空行母。

此尊空行母一面三目四臂。头戴五骷髅冠。环形耳珰，项戴璎珞，肩挂50人头大璎珞，右展姿站立。胸前左手托嘎巴拉血碗，右手握似金刚杵。侧面两臂所持法器不明。臂、手腕、脚踝均戴珠环。

空行母

铜质　鎏金　清　高11.8厘米

金刚手护法

铜质　鎏金　清　高3.7厘米

金刚手又名"秘密主",藏名恰那多杰。属金刚部,因手持金刚杵而得名。为大势至菩萨的忿怒化现,司大能力,亦称"大力尊"。金刚手代表诸佛神通大能。金刚手形象有多种,最常见者为一面两臂三目,身蓝黑色。

此尊金刚手护法一面三目。头戴五骷髅冠,火焰发。粗眉上扬,大口朱唇。项佩人头璎珞,下着虎皮裙。右手执金刚杵上举,左手执金刚绳当胸,绳缺失。腿右屈而左伸。忿怒之相貌更可显现其护持佛法的威力。

黄布禄金刚

铜质　鎏金　清　高10.6厘米

　　黄布禄金刚也称"黄财神"，藏名"藏拉色波"，是藏传佛教九位财神之一，位居诸财神之首。布禄金刚也译为瞻婆罗、瞻巴拉、宝藏神，是藏传佛教中最著名的财神之一，与印度教的财神库贝罗在神格上有明显的继承关系。在佛教神系中，布禄金刚是库贝罗的本尊形象，是佛教创立以对抗印度教神的对应神。布禄金刚是本尊神，但在章嘉的体系中，被归入低级护法神中。

　　此尊黄布禄金刚头戴五叶花冠，高发髻，宝珠顶严。袒上身，大腹，佩饰璎珞、耳珰、臂钏。右臂弯曲旁举，肘置于右膝上，手持金刚杵。左臂弯曲，左手托鼠于腰间。下着长裙，左腿盘曲，右腿支立，坐于长方形卡垫之上。

黄布禄金刚

铜质　清　高6.3厘米

高发髻，头戴五叶花冠，圆形耳珰，宝缯飘于耳后。火焰眉，眼圆睁。身着半袖武服，帔帛飘于脑后。项戴大串璎珞。左手托鼠，置于左腿上；右手拇指与中指、食指相捏置于胸前。左腿盘曲，右腿曲立，跣足坐于长方形卡垫之上。

黄布禄金刚

铜质　清　高16.9厘米

　　高发髻，头戴五叶冠。圆形耳珰。立眉，怒目圆睁，八字胡上卷。袒上身，颈佩璎珞，项挂长串珠饰。帔帛飘于脑后及两臂。左臂弯曲，手托宝鼠置于左腿上；右手托芒果置于右膝上。左腿盘曲，右腿屈出，下踏宝瓶和海螺。海螺代表海里的珍宝，宝瓶则是盛满珍宝的容器。跌足坐于单层覆莲座上，莲座上缘有两周珠饰。

黑布禄金刚

铜质　鎏金　清　高12.2厘米

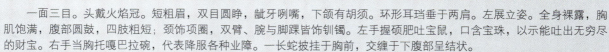

一面三目。头戴火焰冠。短粗眉，双目圆睁，龇牙咧嘴，下颌有胡须。环形耳珰垂于两肩。左展立姿。全身裸露，胸肌饱满，腹部圆鼓，四肢粗短；颈饰项圈，双臂、腕与脚踝皆饰钏镯。左手握硕肥吐宝鼠，口含宝珠，以示能吐出无穷尽的财宝。右手当胸托嘎巴拉碗，代表降服各种业障。一长蛇披挂于胸前，交缠于下腹部呈结状。

黑布禄金刚，藏名"藏拉那波"，又称黑财神，为五姓财神之一。黑布禄金刚在寺庙雕塑或绘画中身青黑色，象征"自性清净无垢"；裸体，表义大悲，而且寓意纯净无染，一切无所障碍；手持颅器，表悲心所业；抱吐宝鼠，代表黑财神可满足众生求财的愿望。

白布禄金刚

铜质　清　高8.8厘米

　　一面三目。头戴五骷髅冠，火焰发。双眉竖立，怒目圆睁，朱口龇牙。全身袒露，项戴串珠。右手旁举作持物状。左手置于腹前作握物状。双手法器均缺失。双腿同一侧坐于龙背上。龙首向前作张口状。龙在印度是水族的神灵。白布禄金刚是布禄金刚的变化身之一。

白布禄金刚

铜质　鎏金　清　高6.2厘米

　　头戴五骷髅冠，火焰发。右手持三叉戟，左手执杖。双腿同一侧坐于龙背上。龙昂头作嘶吼状。龙下为覆莲座。造像被铸于小龛内。

白布禄金刚

铜质　鎏金　清　高7.3厘米

　　一面三目。头戴五骷髅冠，火焰发。双立眉，怒目圆睁，血盆大口。项戴串珠。帔帛飘于脑后。右手旁举作持物状，左手置于胸前作持物状。双手法器均缺失。双腿同侧坐于龙背上。龙回首作嘶鸣状。龙足下有柱，原应插于台座之上。

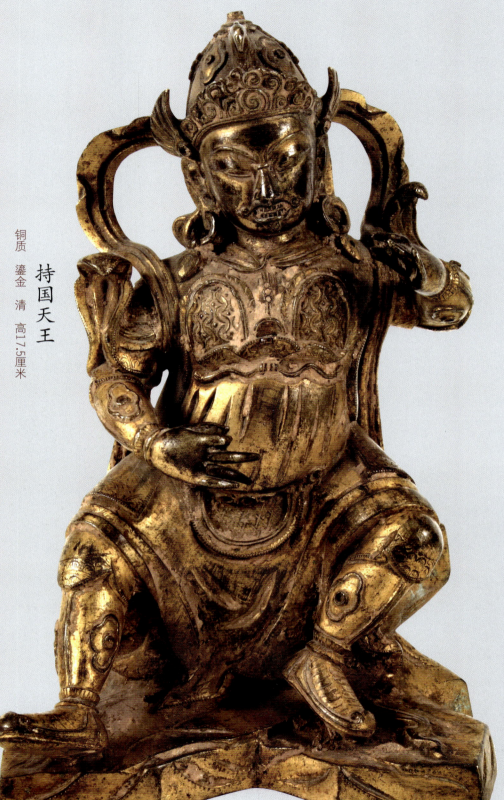

持国天王

铜质　鎏金　清　高17.5厘米

持国天王，梵名『提多罗吒』，佛教所说护世四天王之一，主守东方。其形象据《陀罗尼集经》卷十一中记载，为身着天衣，左手臂下垂持刀，右臂屈伸仰手向前，掌中托宝珠。因受《封神演义》等民间神话的影响，中国内地的持国天王为手持琵琶，身披中国式甲胄的武将形象。此尊持国天王像手中所持琵琶缺失。

不动明王

铜质　清　高11.7厘米

　　其名梵文音为Acalanatha，意为不动尊或无动尊，佛教界称为"不动明王"，亦称为"不动使者"。"不动"，是指慈悲心坚固，无可撼动；"明"，即智慧之光明；"王"，乃驾驭一切现象者。是佛教密宗五大明王主尊，在镇守东南西北中五个方位的五大明王中，为镇守中央方位的明王。

　　不动明王周身呈现青蓝色，右手持智慧剑，左手拿金刚索，右眼仰视，左眼俯视，周身火焰。一般都以愤怒的形象示人，表示驱魔斩鬼无往不前。不动明王有两臂、四臂、六臂多个形象，但大多以两臂形象出现。其动作形象的来源主要是由印度教的湿婆（佛教称"大自在天"）的忿怒形象而来，多做舞蹈立相。此尊不动明王头戴五叶冠，火焰发。双眉上扬，小口朱唇。圆形耳珰垂于两肩。袒上身，项戴串珠。腰系三角裙。帔帛飘于体侧。右手旁举，手中智慧剑缺失。左手置于左胸前，手中金刚索缺失。

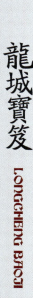

206

财宝天王

铜质　鎏金　清　高18.1厘米

　　头戴五叶冠，两竖眉粗壮，怒目圆睁，小口朱唇，络腮、八字胡。环形耳珰。身着武服，足蹬战靴。双手呈架式，右手持胜幢已缺失，左手持吐宝鼠。展坐于狮背上。狮卧莲座，作回首吼状。

　　财宝天王来源于印度教财神库贝罗。古印度教传说，库贝罗是一位智者沙门的儿子。据说，他苦修千年，大梵天为了奖励他，赐他永远不死，并任命他作为财宝神和大地财富宝库的守护者。在佛教中，库贝罗作为方位神，守护宇宙中心须弥山。作为财宝神时，他被称为"财宝天王"或"库贝罗"。

财宝天王

铜质　鎏金　清　高11.1厘米

头戴五叶冠，右手持胜幢已缺失，左手持吐宝鼠。双腿同侧坐于狮背之上。狮卧单层覆莲座，作回首狮吼状。

帝释天

铜质　鎏金　清　高10.3厘米

帝释天，又作"天帝释"、"天主"，在佛教中是忉利天之主。作为护法神，他的主要职责是保护佛陀、佛法和出家人。其形象依《大日经疏》等说，头戴宝冠，身披璎珞，手持金刚杵，身骑六牙白象，住于须弥山，有诸天及众眷属围绕。

忿怒文殊

铜质　清　高12.8厘米

　　在藏传佛教里，文殊菩萨有多种化身，常见的有红、黄文殊，五字文殊，白文殊及黑文殊五尊，合称为"五文殊"。忿怒黑文殊除了开启智慧以外，亦是一位消除障碍之本尊。

　　此尊忿怒文殊一面四臂。头戴五叶冠，葫芦形高发髻，宝珠顶严。双眉上扬，双目下视，高鼻挺直，咧嘴龇牙，面呈忿怒状。袒上身，项佩串珠，腰系三角裙。帔帛于肩部垂飘于两脚旁。左主手当胸作持物状。右主手旁举持法器。左次手侧伸，拇指与中指、无名指相捏。右次手曲臂侧伸，拇指与中指相捏。右展姿站立于单层覆莲座上。

吉祥天母

铜质　清　高18.8厘米

　　吉祥天母又称"吉祥天女"，藏语称"班达拉姆"，是藏密中一个重要女性护法神。她是古印度神话中的人物，传说是天神和仇敌阿修罗搅动乳海时诞生的。后来婆罗门教和印度教把她塑造成女神，为她取名"功德天女"（又称"吉祥天女"），说她是毗湿奴的妃子，财神毗沙门之妹，主司命运和财富。后来她成了佛教的重要护法神。

　　吉祥天母常见的有两种：文静型和忿怒型，文静型的便是白拉母。吉祥天母的忿怒形象是个肤色青蓝的凶神，头戴五骷髅冠，红色火焰发，头顶有半月和孔雀毛。右耳常以小狮为饰，据说象征着听经；左耳常挂小蛇，意为忿怒。腰上挂账簿，用作专门记载人们所做坏事的档案，恶人将来要受剥皮处置。一手执骷髅棒，专门用作对付恶鬼阿修罗。一手端盛满鲜血的骷髅碗。身披人皮，据说那人皮是她亲生儿子的，象征大义灭亲。骑黄骡子，在鞍前端下方有两个红白骰子，红的主杀，白的主教化。鞍后有一个荷包袋，里面盛着疫病毒菌，也就是说她是主生死、病瘟、善恶的神。

骑羊护法

铜质 鎏金 清 高9厘米

　　骑羊护法，又称"具誓黑铁匠护法神"。藏名"当坚·噶瓦纳波"，或称"俱誓铁匠护法"。原为苯教神祇，后被纳入佛教护法体系，为俱誓善护法主要伴臣。最早为宁玛派所供奉，后曾现身营救第一世噶玛巴杜松钦巴，因此噶举派特别重视，其他教派也都有供奉。

　　此尊骑羊护法呈忿怒相，一面三目二臂二足。头戴五叶冠，火焰发。粗眉，睁目。长胡须。圆形耳珰。上臂、双腕及脚踝各戴两周串珠。左手持金刚杵已缺失，右手持嘎巴拉碗。跨骑于一山羊之上。山羊形态逼真，山羊角拧成索形。

最胜摄授度母

铜质　清　高13厘米

一面四臂。头戴五叶冠，葫芦形高发髻。面部丰圆，眉清上扬，双目低垂。圆形耳珰垂于两肩。袒上身，项佩璎珞。两主手侧上举在发髻顶部相接；另两手旁伸，手中法器缺失。帔帛从肩部垂下飘于体侧。四手臂、腕均戴珠环。下穿长裙，跣足左展姿站立于单层覆莲座上。

参考书目
Bibliography

张力：《妙相庄严——辽宁省博物馆藏佛教造像精品集》，辽宁人民出版社2011年4月第1版

罗文华：《故宫经典　藏传佛教造像》，紫禁城出版社2009年9月第1版

王家鹏：《藏传佛教造像》，上海科学技术出版社2003年12月第1版

齐成：《金铜佛像　空行护法》，万卷出版公司2007年1月第1版

傅小凡：《妙相庄严——佛教艺术观（雕塑篇）》，宗教文化出版社2007年1月第1版

徐华铛：《中国罗汉造像》，中国林业出版社2008年10月第1版

董高：《朝阳佛教史》，社会科学文献出版社2008年1月第1版

民国十九年修《朝阳县志》

朝阳市民委：《朝阳市少数民族志》，辽宁民族出版社2004年第1版

后记
Postscript

　　朝阳博物馆文物藏品丰富，在辽宁乃至我国北方地区博物馆中都占有重要地位。藏品以反映我国北方特色考古学文化和辽西地区古代少数民族文化为主。在大量藏品中，佛教文物占有重要位置。其中，馆藏近 300 件佛教造像，其材质和制作工艺有石雕、木雕、金铜铸造等。制作年代上起唐代，下至民国。这些佛教造像反映了佛教自传入辽西地区以来，不同时期的发展变化和佛教艺术创作的特征，也体现出我国古代匠师雕刻技法及金铜铸造工艺的精湛技艺。

　　佛教文化博大精深，灿烂辉煌，佛教造像艺术又是佛教文化中以实物蕴含佛教思想最为生动的体现。编著此书的目的，是将朝阳博物馆收藏的数百件佛教造像中的精品集于一册，把珍贵的佛教造像艺术瑰宝呈现给读者，与大家共同领略中国古代佛教文化的永恒魅力。本书文字由李国学撰写，保管部同志做了大量基础性工作。此书在编撰过程中得到了辽宁省博物馆研究员张力先生的指导，朝阳博物馆退休研究员周亚利女士给予鼎力支持。馆长尚晓波在百忙之中为本书作序。在即将付梓出版之际，谨向为之付出艰辛工作的诸位同仁表示衷心感谢！由于编者水平有限，书中难免有讹误之处，望阅者给予批评和指正。

编　者

2013 年 4 月

龍城寶笈

LONGCHENG BAOJI